K-심리학이
나타났다!

K-심리학이 나타났다!

발행일 2021년 1월 22일

지은이 녹현 이세진
펴낸이 손형국
펴낸곳 (주)북랩
편집인 선일영 편집 정두철, 윤성아, 최승헌, 배진용, 이예지
디자인 이현수, 한수희, 김민하, 김윤주, 허지혜 제작 박기성, 황동현, 구성우, 권태련
마케팅 김회란, 박진관
출판등록 2004. 12. 1(제2012-000051호)
주소 서울특별시 금천구 가산디지털 1로 168, 우림라이온스밸리 B동 B113~114호, C동 B101호
홈페이지 www.book.co.kr
전화번호 (02)2026-5777 팩스 (02)2026-5747

ISBN 979-11-6539-575-9 03180 (종이책) 979-11-6539-576-6 05180 (전자책)

자신의 행·불행은
오로지 자신에게 달려 있다

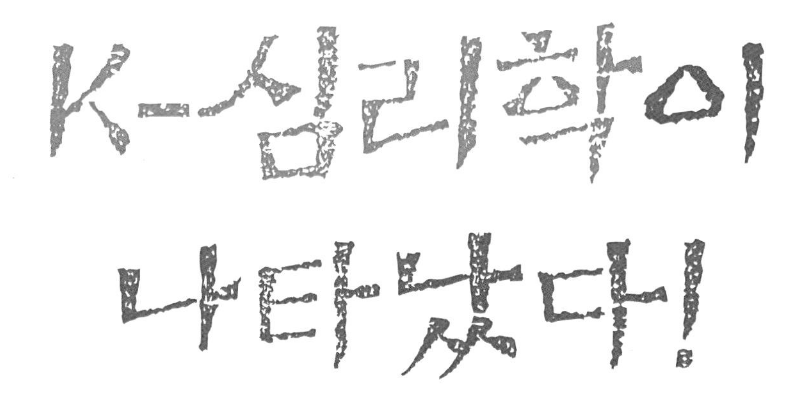

녹현 이세진 지음

서문

인간의 탄생·성장·소멸의 가정을 다룬 이론으로 세상에 존재하지 않았던 이론, 역학계는 물론 심리학계에 커다란 충격을 줄 수 있는 이론으로 필자는 이를 'K-심리학'이라 부릅니다.

심리학이란 "생물체의 의식 현상과 행동을 연구하는 학문으로 예전에는 형이상학 안에 포함하여 생각하였으나, 오늘날에는 실험 과학의 경향을 띠고 있습니다. 발달 심리학·변질 심리학 따위의 여러 갈래로 나누며, 군사·산업·교육 따위의 실생활에 널리 응용한다."라고 정의를 내리고 있습니다.

결국 어떤 생각을 하고, 어떤 행동을 하는가를 살피는 학문이 심리학인 것입니다. 그래서 수많은 테스트를 거치고 실패를 반복해야만 어렴풋이 당사자의 생각과 행동을 그나마 파악할 수 있었습니다.

그리고 요즘 현대인들은 복잡 다양한 관계망 속에서 발생하는 스트레스·우울증·불안장애·공황장애·정신분열·조울증 등으로 인해 다양한 마음의 병을 앓고 있습니다. 그로 인해 대다수의 사람들은 만족감이나 행복감을 크게 느끼지 못하고 있으나, 이보다 더 큰 문제는 자신의 마음에 문제가 있더라도 이를 제대로 알지 못하거나, 설령 알았다 해도 치유할 방법을 모르고 있다는 사실입니다.

왜 그럴까요? 이는 마음(心理)이라는 것이 단순하게 형성된 것이 아니라, 복잡 미묘하게 형성되어 자신의 마음을 정확히 알기가 쉽지 않기 때문입니다. 더구나 현대 사회는 많은 사람들과의 관계망을 형성하고 살아가기에 자신은 물론, 타인의 마음까지 이해해야 하는데 그러기에는 더욱더 쉽지 않습니다.

이처럼 복잡하고 변화무쌍한 사람의 마음에 대해 알고자 하는 노력은 서양에서는 고대 그리스 시대의 점성술부터, 동양에서는 명리학을 비롯한 모든 학문에까지 다루지 않은 것이 없을 정도로 다양하게 연구되어 왔습니다.

그런데 기존의 어떤 이론으로도 사람의 생각과 행동을 헤아리거나 파악할 수 있는 방법을 찾을 수가 없었습니다. 그저 가부(可否) 간의 결정만, 그것도 올바르지 않은 방식으로 나눴을 뿐입니다. 어째서 되고 안 되는지, 왜 그래야 하는지 등 원인·과정·결과에 대한 추론은 생략한 채 무조건 된다, 안 된다는 식의 YES와 NO의 단편적인 통보형식 뿐이었습니다.

전 타고난 영성을 바탕으로 일찍이 우주에너지의 이치를 깨닫고, 만물의 영장인 인간이 태어나는 순간, 우주에너지의 비율이 만들어져 각자 정해진 삶을 살아가고 있음을 경험을 통해 터득하였습니다.

'누구는 봉사와 희생을 하며, 누구는 배려와 이해를 하며, 누구는 성공과 부귀를 누리며, 누구는 예술과 재능을 뽐내며, 누구는 법과 질서를 지키며' 말입니다. 인간은 결코 자연의 법칙에서 벗어나서는 살 수 없는 존재입니다. 그러기에 본래 타고난 운명대로 살아가면 힘들지 않습니다. 소유와 욕망의 그늘에서 결코 행복할 수 없음을 아는 현대인들은 이제 필요 이상의 것들을 내려놓아야 할 때입니다.

이에 저는 이렇게 생각합니다. K-심리학은 우주에너지(운명의 코드)를 통해 타고난 개개인의 취향, 성향, 심리변화를 파악해 본능적으로 집착하는 잘못된 자신의 마음과 행동을 변화시킬 수 있다고 봅니다.

따라서 당신이 타고난 우주에너지만 알면 당신의 심리가 보입니다. 설문지나 테스트도구 그리고 그림 등을 이용하지 않아도, 피상담자를 만나지 않아도, 분위기나 당시의 감정 상태에 따라 심리 성향이 달라지지 않습니다. 나아가 같이 있지 않아도, 보지 않아도 당사자의 모든 생각과 행동을 정확히 알 수 있는 것이 바로 K-심리학입니다.

녹현 이세진

목차

K-심리학의 무의식 성향 … 53

K-심리학이란

K-심리학이라고 명명한 것은 지구촌 어디에도 존재하지 않는 새로운 이론이기 때문이다. 흔히들 얘기하는, 우주에도 존재하지 않았던 이론이고, 그 이론을 대한민국에서 태어난 필자가 발견하고 창안했기 때문에 붙인 이름이다.

K-방역, K-음악, K-영화와 드라마, K-반도체, K-조선업, K-인터넷, K-콘텐츠 등 마치 세계의 흐름을 대한민국이 주도하고 있는 지금, 심리학 이론 역시 대한민국에서 태어난 필자가 발견, 창안했기에 'K-심리학'이라고 한 것이다. K-심리학 이론은 세계로 뻗어나갈 것이다.

기존 서양 심리학 이론과 K-심리학의 이론을 비교·분석하기 쉽게 나열하겠다.

기존의 서양 심리학

- 피상담자로 하여금 100여 가지에서 300여 가지가 되는 문항을 읽고 자신의 성향에 맞는 항목에 체크하거나, 아니면 그림을 그리게 하거나, 실험도구를 이용하게끔 한다.
- 피상담자가 작성한 답안지나 그림 그린 것 또는 실험도구의 결과물을 가지고 적성이나 성향이 어떠함을 파악한다.
- 상담 당시 피상담자의 기분이나 감정 상태에 따라 체크항목의 답안지나 그림 등이 달라질 수 있다.

- 단체 상담일 경우엔 분위기나 주변 상황에 따라 체크항목의 답안지나 그림 등 결과물이 달라질 수 있다.
- 피상담자가 나이가 어리거나 자아가 발달되지 않았을 경우, 자신의 의지와 상관없는 결과물 즉, 성향이나 적성이 나올 수 있다.
- 검사할 때마다 다른 결과물(성향과 적성)이 나올 가능성이 상당히 높다.
- 나이가 들어감에 따라 변하는 의식적인 부분과 무의식적인 부분 등을 파악하기 어렵다.
- 좋은 성향과 안 좋은 성향의 구분이 모호해 좋은 성향을 키워주거나 안 좋은 성향을 예방하기 어렵다.

K-심리학

- 자신이 태어날 때 지니게 되는 우주에너지의 비율(생년월일시)을 가지고 결과물(성향과 적성)을 만든다.
- 설문지나 도구가 필요 없고, 그림을 그릴 필요도 없으며, 피상담자를 대면하지 않아도 된다.
- 제삼자(선생님이나 부모)가 피상담자를 대신해서 검사할 수도 있다.
- 분위기, 상황, 감정 상태에 따라 결과물이 달라지지 않는다.
- 자아가 발달하지 않았거나, 나이가 어린아이, 심지어 의사표현이 어려운 노인들의 심리파악도 가능하다.
- 자신의 성향뿐 아니라 직업, 애정, 행동, 가족관계, 대인관계, 부

귀의 척도까지 나아가 언제 어느 시기에 인생의 변화가 오는지 등을 정확하게 알 수 있다.

- 피상담자의 행동까지 파악되어 범죄를 미연에 예방할 수 있다.
- 단 한 번의 검사로 나이에 따라 변하는 의식적인 부분까지 알 수 있다.
- 피상담자의 장점과 단점을 정확히 파악해 인생 전반에 대한 카운셀링이 가능하다.

인간은 우주에너지의 꼭두각시

우리는 인간을 '만물의 영장'이라 칭하며, 지구상에서 모든 생물체의 우두머리 역할을 하고 있다고 철석같이 믿고 있다. 필자도 우주에너지의 위력을 발견하기까지는 그렇게 믿고 있었다. 만물의 영장인 인간을 어느 누가 감히 쥐락펴락할 수 있을까라고 말이다.

그래서 어느 누구의 간섭도 받지 않고 가고 싶으면 가고, 오고 싶으면 오고, 먹고 싶으면 먹고, 자고 싶으면 자는 줄 알았고, 생각 역시 떠오르는 대로, 느끼는 대로 하기에 자신의 뜻대로 생각을 수시로 바꾸는 것도 가능했다고 믿었다.

흔히 '저 친구는 젊어서는 진보적이었는데, 나이가 드니까 보수적으로 변하네.' 그러면서 '나이가 들어서 그런 거야, 몸을 사려서 그런 거야, 가진 것이 많아서 그런 거야, 지킬 것이 생겨서 그런 거야' 등등으로 치부해 버렸다.

또한, '공부를 잘하고 싶은데, 운동을 잘하고 싶은데, 좋은 직장을 갖고 싶은데, 멋지고 훌륭한 배우자랑 결혼하고 싶은데, 돈 많이 벌고 싶은데, 출세하고 싶은데….' 성공했거나 출세한 사람들만큼 노력을 하지 않아서 안 된 건 줄 알았다.

그러나 인간의 부귀영화, 흥망성쇠까지도 다 우주에너지의 영향임을 깨닫자, 인간은 만물의 영장이 아닌 우주에너지의 꼭두각시란 느낌이 들었다. 꼭두각시란 '남의 조종에 따라 주체성 없이 맹목적으로 움직이는 사람을 비유적으로 이르는 말'이란 뜻이다.

즉 자신이 타고난 우주의 기운에 의해 생각은 물론 행동, 나아가 꿈까지도 지대한 영향을 받고 있다는 것이다. 결과적으로 우리를 움직이는 것은 우주의 기운이므로 인간은 우주의 꼭두각시라 해도 아무런 이의제기를 할 수 없을 것이다.

우주에너지란?

우주엔 무수히 많은 별들이 있다. 무수히 많은 별들을 탄생, 성장, 노쇠, 소멸시키는 기운이 우주에너지다. 별을 탄생시키는 포근한 에너지가 있는가 하면, 별을 성장시키는 뜨거운 에너지도 있고, 별을 늙거나 노쇠시키는 싸늘한 에너지도 있는가 하면, 별을 사라지게 하는 차가운 에너지도 있다.

더구나 별이 존재하지 않았으면 만물의 영장인 인간도 존재할 수 없다. 따라서 인간 역시 별처럼 우주에너지에 의해 태어나 성장하고 늙고 병들어 사라진다고 보는 것이다. 결국 지구에 사는 인간들의 삶의 모든 과정에 간여하고 있는 것이 우주에너지인 것이다.

한반도에 거주했던 우리 조상들은 일찍이 우주의 기운을 감지하고 후손들이 알 수 있도록 기호화하였다.

흔히 오행(五行)이라 불리는 기운으로 목성(木性), 화성(火性), 토성(土性), 금성(金性), 수성(水性)의 에너지가 그것이다. 우주는 다섯 가지 에너지에 의해 움직이고 있다.

우주는 물론, 지구의 모든 물체들을 우주에너지가 만들었다고 아인슈타인을 비롯한 천문학자들은 주장한다.

그렇기에 영국의 천문학자 스티븐 호킹 박사는 "창조주는 없어도 인간은 탄생할 수 있다."라고 주장했으며, 나아가 "신은 존재하지 않는다."라고 외치며 무신론자로 돌아섰다.

우주에너지는 인간의 탄생뿐만 아니라, 인간의 마음까지 좌지우지

함을 발견했다.

인간의 의식세계는 물론, 무의식세계까지 나아가 인간의 꿈까지도 좌지우지하고 있다.

생각이 한 곳이 머물지 않고 수시로 왔다갔다하는 것까지도 우주에너지가 간여하고 있다.

자신이 타고난 우주에너지는 바로 생년월일시의 간지이다.

간지란 동양에서 말하는 십간(甲乙丙丁戊己庚辛壬癸)과 십이지(子丑寅卯辰巳午未申酉戌亥)를 말한다.

십간과 십이지는 다섯 종류의 에너지로 분류한다.

호기심이 많은 에너지, 책임감이 투철한 에너지, 안정적으로 살려는 에너지, 낭만적으로 살려는 에너지, 욕심 없이 살려는 에너지가 그것이다.

다섯 종류의 에너지는 서로 협력하고 억제하면서 인간의 마음을 움직이고 있다.

오행(五行)

우주에너지로 별들이 태어나 성장하고 쇠퇴하다가 사라지게 하는 다섯 가지 기운이다. 흔히 오행(五行)이라 불리는 기운으로 목성(木性), 화성(火性), 토성(土性), 금성(金性), 수성(水性)의 에너지가 그것이다. 각각의 기운들이 어떤 성향을 지녔는지 알아보자.

목성(木性)

목성은 '무(無)에서 유(有)를 창조하는 우주에너지'로, 아무것도 보이지 않는 깜깜하고 아득한 우주 공간에 생명체(별)가 겉으로 드러나기 시작하는 기운이다. 블랙홀이 모든 것을 사라지게 한다면, 그것과는 반대로 모든 것을 생성해 내는, 소위 화이트홀의 역할을 하는 것이 바로 목성의 기운인 것이다. 눈으로 확인할 수는 없지만, 우주의 수많은 가스들의 융합과 폭발에 의해 별들이 탄생하는 모습을 말함이다.

별(생명체)을 탄생시키는 기운이라면, 그 기운은 차거나 뜨겁고 싸늘하지 않을 것이다. 마치 어머니가 자식을 낳아 키우는 마음처럼 자상하고 부드러운 성질을 지녀야 한다. 그래서 포근하거나 따뜻한 기운일 것이라고 했다.

만주지방과 한반도 일대에 살았던 옛 성현들은 우주 목성의 기운을 봄(春)에 비유했다. 겨우내 아무것도 볼 수 없었던 상황에서 봄이 오자 날씨가 포근해지면서 온갖 만물이 여기저기서 소생하는 모습을 우주 목성의 기운과 같다고 본 것이다.

목성은 천간 갑(甲)과 을(乙), 지지는 인(寅)과 묘(卯)이다. 기운은 따뜻해서 봄을 대표했고, 새싹들이 자라기에 흔히 나무(木)로 비유했다. 색깔은 푸르름의 상징인 청색(靑色), 방향은 해 뜨는 동쪽을 지칭했다. 오장육부로는 간장(肝臟)과 담(膽) 그리고 신경계를 의미했으며, 맛으로는 신맛과 숫자는 3과 8을, 심성적으로는 어질다는 뜻으로 인(仁)을 대표했다.

화성(火性)

생명체(별)를 탄생시키는 역할을 목성의 기운이 했다면, 화성의 기운은 생명체를 성장시키는 에너지다. 그러자면 따스하고 포근한 기운만 가지고는 생명체의 성장을 촉진시킬 수는 없다. 생명체를 활발히 활동하게 만들 수 있는 폭발적이고 뜨거운 기운이 필요한 것이다. 그 기운이 바로 우주 화성의 기운이다.

한반도와 만주 지방에 여름이 오자, 날씨가 더워지면서 나무나 풀이 무성해지고, 온갖 벌레와 곤충들이 활기차게 활동하는 등, 온 만물이 하루가 다르게 쑥쑥 자라는 것을 옛 성현들은 보았을 것이다. 그래서 우주 화성의 기운은 여름 날씨와 같다고 비유한 것이다.

화성은 천간 병(丙)과 정(丁), 지지는 사(巳)와 오(午)이다. 기운은 뜨거운지라 여름을 대표했다. 색깔로는 열정적인 적색(赤色)으로 비유했으며, 방향은 더운 곳인 남쪽을 지칭했다. 사람의 몸에 대입하면 심장(心臟)과 소장(小腸) 그리고 순환계를 뜻했으며, 마음에 대입하면 분노와 격정을 의미했다. 맛은 쓴맛이며, 숫자는 2와 7을, 심성적으로는 예의가 바르다는 뜻으로 예(禮)로 표시했다.

토성(土性)

목성과 화성의 역할이 생명체(별)를 탄생시키고 성장시키는 기운이라면, 성장과 활동을 멈추게 하는 역할이 바로 토성의 기운이다. 뜨거움이 극에 달하면 점차적으로 식어가듯이, 화성의 끝자락에서 토성의 기운은 탄생한다. 그래서 토성은 양기(陽氣=목성, 화성)도 아니고, 음기(陰氣=금성, 수성)도 아닌, 중성(中性)의 기운을 지녔다.

그러나 기존의 명리학계에서는 음기와 양기로 구분했지, 중성의 기운은 인정하지 않았었다. 그러나 모든 생명체를 분해해보면 양기를 띤 기운과 음기를 띤 기운 그리고 중간의 기운을 띤 구조로 이뤄졌다. 따라서 우주에너지는 음양뿐 아니라 중성의 에너지도 지니고 있음을 인정해야 한다.

그런데 천간 토성은 중성의 기운을 지녔지만, 지지 토성은 중성의 기운을 지니지 못했다. 그것은 따스한 기운의 토성(辰), 뜨거운 기운의 토성(未), 써늘한 기운의 토성(戌), 차가운 기운의 토성(丑)만 존재하기 때문이다.

토성 천간은 무(戊)와 기(己), 지지는 진(辰)과 술(戌) 그리고 축(丑)과 미(未)로 오행 각각의 기운을 포함하고 있어 만물의 어머니인 흙(土)에 비유했다. 색깔은 모든 것을 포용하는 황색(黃色)과 방향 역시 중앙을 의미한다. 오장육부로는 소화기 계통인 비장(脾臟)과 위장(胃腸) 그리고 근육계를 뜻한다. 맛으로는 단맛과 숫자는 5와 0을 의미하고, 심성적으로는 믿음직하다는 의미에서 신(信)으로 표시한다.

금성(金姓)

금성의 기운은 성장이 멈춘 생명체(별)를 노쇠시키는 에너지다. 생명체(별)를 늙고 병들게 하는 기운인데, 그러한 과정에서 힘없고 작고 약한 별들은 사라지기도 한다. 생명체를 노쇠시키는 기운은 과연 어떤 기운일까?

만약 차가운(cold) 기운이라면 모든 별들이 일시에 분해되어 사라질 것이라 당연히 차가운 기운은 아닐 것이다. 차가운 기운보다는 덜 차가우면서 숙연한 분위기를 풍기는 써늘한(cool) 기운이어야만, 생명체(별)를 늙고 병들게 할 수 있을 것이다.

한반도와 만주지방에 가을이 오자, 그렇게 무성했던 나무들이 잎이 누렇게 변해 하나둘씩 떨어지고, 활기차게 활동했던 온갖 벌레들도 힘을 잃거나 사라져 버림을 알았다. 그래서 한반도와 만주지방의 가을 날씨가 마치 우주 금성의 기운과 흡사하다고 본 것이다.

금성 천간은 경(庚)과 신(辛), 지지는 신(申)과 유(酉)이다. 기운은 써늘한지라 가을을 의미하고, 가을은 수확의 계절로 온갖 식물과 나무를 베어버림으로써 단단함과 응축된 바위나 금속물질로 표시했다. 색깔로는 하얗다는 의미로 백색(白色), 방향은 해가 지는 서쪽을 뜻한다. 오장육부로 본다면 폐(肺)와 대장(大腸)을 그리고 뼈 조직계를 뜻한다. 맛으로는 매운맛, 숫자로는 4와 9를 의미했다. 심성적으로는 옳고 그른 것을 잘 가린다는 뜻에서 의(義)라고 일컫는다.

수성(水性)

목성의 기운이 무(無)에서 유(有)를 창조했다면, 수성의 기운은 유(有)에서 무(無)로 돌아가게 만드는 에너지다. 태초의 그곳으로 모든 생명체를 되돌리는 역할이 수성에게 맡겨진 것이다. 태초의 그곳이란 아득하고 까마득할 정도로 어둡고, 아무것도 볼 수 없고 만져지지도 않는, 암흑의 시기다.

과연, 모든 생명체를 사라져 버리거나 분해해 버릴 수 있는 기운은 어떤 기운일까? 아주 차갑고 춥고 어둡고 냉정한 기운이어야 한다. 그래야만 일시에 모든 것을 사라지게 할 수 있으니까 말이다.

한반도와 만주지방에 살고 있었던 옛 성현들은 차갑고 추운 겨울이 오자, 우주 수성의 기운과 같다고 보았다. 겨울이 오자 나무들은 앙상한 가지만 남고, 온갖 벌레들도 사라지고, 온 만물은 얼어붙어 살아 움직이는 것은 찾을 수가 없었다.

수성 천간은 임(壬)과 계(癸), 지지는 해(亥)와 자(子)이다. 기운은 차가운지라 겨울을 뜻했으며, 차가움의 대표적인 것으로 물을 의미했다. 색깔로는 어둠의 상징인 흑색(黑色), 방향으로는 추운 곳인 북쪽을 뜻한다. 오장육부로는 신장(腎臟)과 방광(膀胱) 그리고 혈액계를 의미한다. 맛으로는 짠맛과 숫자로는 1과 6을 나타낸다. 심성적으로는 모든 것을 수용할 수 있다는 의미에서 지혜롭다는 지(智)를 표시한다.

이러한 다섯 가지 기운에 의해 우주에서는 한시도 쉬지 않고, 헤아릴 수 없는 무수한 별들이 태어나 자라고 늙고 소멸되는 과정을 되풀이하고 있다. 무한 수의 별들이 우주오행 기운에 의해 조종되는데, 별(지구) 안에 존재하는 사람들도 결국 우주오행 기운에 의해 조종된다.

별이 탄생할 수 있게 만드는 따뜻한 기운, 별이 성장할 수 있게 만드는 뜨거운 기운, 별을 늙게 만드는 써늘한 기운, 별을 사라져 버리게 만드는 차가운 기운들의 상호작용에 의해 사람도 태어나 성장하고 늙고 사라지는 것이다.

그렇다면 별(생명체)의 생로병사를 조종하는 우주오행의 기운이 태양계 안의 지구에 살고 있는 사람에게는 어떤 영향을 미치는지 살펴보자. 우주오행의 기운처럼 포근하고, 뜨겁고, 써늘하고, 차갑게 작용하는 것이 결코 아니다.

우리가 살고 있는 삶의 방식에 맞도록 책임감이 강한, 인정받으려는, 배려하고 이해하려는, 호기심이 강한, 재미있게 살려는 이런 방식으로 적용이 된다. 그래서 우주오행의 기운을 각기 권위적 성향, 안정적 성향, 의리적 성향, 모험적 성향, 물질적 성향으로 분류한다.

만약 권위적 성향의 기운이 강하면 남보다 한 단계 높은 곳에 오르고자 하며, 의리적 성향의 기운이 강하면 무엇보다 심신의 건강을 지키며 모든 것을 함께 나눈다. 그리고 물질적 성향의 기운이 강하면 가질 수 있는 모든 것(돈, 물질)을 갖고 재미있게 살며, 안정적 성향의 기운이 강하면 남의 이목을 중시하여 이미지 관리와 체면을 지킨다. 마지막으로 모험적 성향의 기운이 강하면 도전과 변화를 두려워하지 않아 개방과 개혁에 적극적이다.

음양(陰陽)

양(陽)이란 기운은 생명체(별, 인간 등)를 탄생시키고 성장시키고, 음(陰)이란 기운은 생명체(별, 인간 등)를 노쇠시키고 사라지게 한다. 생명체를 존재하게 해주는 오행은 양기인 목성(木性)과 화성(火性)이며, 생명체를 사라지게 하는 오행은 금성(金性)과 수성(水性)이다. 그리고 음기와 양기 사이에 중성인 토성(土性)이 존재한다. 만약 음양의 조화가 이뤄지지 않으면 우주에 커다란 변화가 생기고, 그 파장은 결국 사람에게까지 미쳐 생존에 악영향을 미칠 것이다.

그러나 음양이 사람에게 미치는 실질적인 영향은 보편타당한 사고력을 지녔는지 알아보는 잣대이다. 세상엔 선과 악이 공존하고 주관적인 시각과 객관적인 시각이 공존한다. 현대처럼 복잡하고 다양한 시대에 부분만 알고 살아가기에는 분명 어려운 것이 사실이다. 그렇기에 전문가는 아닐지라도 다방면으로 알고 있어야 현명하게 살 수 있을 것이다. 그러려면 음(한 쪽의 세상=생각)과 양(다른 한 쪽의 세상=생각)의 조화가 이루어져야 변화무쌍한 현대 사회구조에 잘 적응할 수 있다. 그러나 음양의 조화가 이뤄지지 않으면 원만한 사회생활을 할 순 없지만, 대신에 순수한 부분에서만큼은 음양의 조화가 이뤄진 사람보다는 뛰어난 편이다.

태어날 때 심리(사고, 행동, 꿈)가 정해진다

사람이 태어났다. 그 사람이 태어난 목적은 무엇일까? 만약 목적이 있다면 그것은 아마 신(神)만이 알고 있을 것이다. 그것이 사실이라면 신(神)만이 알고 있는 어떤 표시가 그 사람에게 있을 것이다. 그렇다. 필자는 그 어떤 표시를 '운명코드'라 부르고 있다. 신(神)만이 알고 있는 그 사람의 운명코드를 파악할 수만 있다면, 그 사람의 전체적인 삶을 아는 것은 손바닥 보듯 쉬운 일일 것이다. 조금 더 나가보자. 사람이 태어난 목적을 알아내야 한다면, 무엇을 봐야만 할까? 모르긴 몰라도 가장 먼저 그 사람의 생각과 행동을 알아야 할 것이다. 사람의 생각과 행동을 알 수 있다는 것은, 바로 그 사람의 전부를 파악한 것과 같으니까 말이다. 그렇다면 신(神)은 어떤 방법으로 사람의 태어난 목적을 파악하는 것일까? 바로 그 사람의 생년, 생월, 생일, 생시인 것이다. 즉 그 사람이 지닌 사주팔자 하나로 그 사람의 생각과 행동 나아가 꿈까지 파악할 수 있다. 과연 가능한 일일까?

그렇다. 사주팔자의 십간(十干=甲乙丙丁戊己庚辛壬癸)과 십이지(十二支=子丑寅卯辰巳午未申酉戌亥)가 바로 신(神)이 심어놓은 우주에너지 기호이다. 우주 에너지 기호는 다섯 종류의 우주에너지로 이뤄졌다. 목성(木性), 화성(火性), 토성(土性), 금성(金性), 수성(水性)이 그것이다. 그 사람의 연월일시로 그 사람이 타고난 우주에너지(오행) 수치를 알 수 있으며, 그 오행수치를 가지고 공식에 대입하면 생각과 꿈 성향은 물론 일정 수준의 오행수치를 지니거나 좋아하지 않는 오행을 알게 되면 행동 성향까지 알게 된다. 여기에다가 운 흐름만 대입하면 수시로 변하는 생각까지도 알 수 있다. 필자는 이 모든 것을 'K-심리학'이라 일컫는다.

즉, 사주팔자란 사람이 태어날 때 지니는 우주에너지로 자신이 타고난 우주오행의 수치가 얼마인지 이것을 파악하기 위한 기호일 뿐이다. 그 이상도 이하도 아닌 것이다. 그런데 우리는 사주팔자를 보고 동물의 습성이나 성향 또는 계절에 빗대어 설명하거나, 또는 어리석은 사람들이 만든 각종 살 등에 대입하여 운명을 점쳐왔던 것이다. 이런 방식의 추론이 수천 년 동안 바뀌지 않고 이어져 왔으니 얼마나 우매한 짓거리를 오랫동안 했던가 말이다. 그저 사주팔자는 사람이 태어날 때 지니는 우주에너지의 비율인데 말이다.

K-심리학의
타고난 의식 성향

의식은 자신이 직접 인식할 수 있는 마음의 한 부분이다. 분명히 자신이 느끼고 판단하여 결정할 수 있는 합리적이고 이성적인 부분을 의미한다. 필자의 주장은 의식 성향은 태어날 당시에 작용한 우주기운에 의해 형성되고, 형성된 의식 성향은 본능적인 무의식 성향과는 정반대되는 성향이라는 것이다. 아마도 인간다운 삶을 살아갈 수 있도록 만들어주는 가장 합리적이고 이성적인 성향으로, 심리학 서적으로는 대대적인 선풍을 일으킨 『넛지』란 서적에서 주장하는 '숙고시스템'인 것이다.

또한 의식 성향은 주변 환경이나 상황에 의해 어느 정도의 영향을 받는다. 이러한 특징으로 인해, 인간이 본능적이고 욕망적인 삶에서 빠져나올 수 있으며, 자신의 삶을 현명하고 지혜롭게 이끌 수 있다.

그렇다면 이렇게 이성적인 의식 성향은 인간의 삶에 얼마나 많은 영향을 미치는 것일까? 근대 이후 인간에 대한 관점이 바뀌어 인간은 결코 합리적이고 이성적인 존재가 아니라, 감정적인 동물이라는 관점을 받아들이고 있다. 필자의 경험상으로도 인간은 이성적인 부분보다는 감정적인 부분이 마음의 대부분을 차지하고, 의식의 비중은 마음이 100이라면 최대 9에서 최소 0을 차지하는 것으로 드러났다.

인간의 삶은 이러한 의식 성향과 무의식·꿈의 성향이 조합된 결과로 나타나는데, 가장 이상적인 삶은 의식 성향 9%, 무의식 성향 90%, 꿈의 성향 1%가 이루어진 경우다. 왜냐하면 이처럼 의식·무의식·꿈의 성향의 적절한 조화를 이루면, 가장 보편적이고 합리적인 삶과 자신이 만족할 수 있는 삶을 살아갈 수 있기 때문이다.

의식 성향의 종류는 수많은 지구인이 있더라도 다섯 가지 유형 안에 전부 넣을 수 있다. 박애주의 의식 안에는 인간은 동물과 다르다는 생각 아래 배워야 한다는 교육주의, 속물답게 살지 말고 참인간답게 살자는 인본주의, 자신보다는 타인과 함께 어울려 살면서 나누며 살자는 협동주의 및 대가족주의 그리고 현실세계보다는 내세가 중요하다는 신앙주의 등이 담겨 있는 것이다. 성공주의 의식에는 자신이 태어난 세상이 전부라는 현실주의, 숨 쉬고 있는 이곳에서 잘 살아야 한다는 발전주의 및 부귀주의 그리고 일류주의, 부모형제보다 배우자와 자식을 먼저 생각하는 핵가족주의 등이 담겨 있다. 이렇게 나눈 결과 지구인의 의식은 크게 다섯 종류로 나뉘게 된다.

〈K-심리학의 의식 성향 도표〉

박애주의	진보주의	실용주의	성공주의	보수주의
교육주의	개혁주의	낭만주의	현실주의	신분주의
인본주의	본능주의	기회주의	발전주의	안정주의
협동주의	평등주의	쾌락주의	일류주의	가문주의
신앙주의	행동주의	경제주의	부귀주의	명분주의
대가족주의	이상주의	예술주의	핵가족주의	위계질서주의

그리고 각자가 지닌 의식 성향을 무엇으로 알 수 있는가? 의식은 생각, 생각은 무엇으로 알 수 있는가? 바로 말(言)이다. 말을 통해서 어떤 생각을 하고 있는지를 알 수 있다. 그래서 의식은 곧 말인 것이다. 의식을 말로 표현할 때 자신은 인지하고 있을 것이다. 그렇다면

말을 할 때마다 인지할 수 있을까? 그럴 순 없다. 이런 말도 있지 않은가? 생각 없이 말을 한다고 말이다. 생각 없이 말을 하면, 하고 나서도 무슨 얘기를 했는지 모를 수 있다. 또한 이런 말을 하고 있는데 이런 말과는 다른 생각을 하게 되면 이런 말이 저런 말로 바뀌게 된다. 결국 말을 함에 있어서는 자신이 인지할 수 있는 순간과 인지할 수 없는 순간이 있다는 거다. 병원을 운영하는 제자의 말에 의하면 사람이 60초 동안 말을 하더라도 자신이 인지할 수 있는 순간은 15초가 넘지 않는다고 한다. 나머지 45초 동안은 인지할 수 없는 순간이란 것이다. 인지할 수 없는 순간들은 흔히 술에 취했을 때, 흥분했을 때, 싸움을 할 때, 기분이 상했을 때, 감정적인 상황일 때일 것이다. 또는 반복적인 말, 습관처럼 내뱉는 말, 쌍스러운 말을 할 때 간혹 인지할 수 없는 순간이 있다. 인지할 수 없는 말을 할 때의 의식은 무의식인 것이다.

박애주의(博愛主義, philanthropism)

- 모두가 함께 공존할 수 있는 공동체적인 삶과 정신적인 교감이 중요하고 참인간답게 살려는 성향
- 눈으로 보이거나 손으로 만져지는 것(물질)이 전부가 아닌, 정신적인 교감이 무엇보다 소중하다는 성향으로 속물보다는 참인간답게 살고자 한다.
- 누구나 좋아하는 부귀영화를 뜬구름처럼 생각하며, 정신과 몸이

건강하고 순수한 인간미를 느끼며 살 수 있는 세상을 바란다.
- 인종, 국가, 신분을 초월하고, 개인의 이익이나 안위보다는 타인을 위해 살아가고자 한다. 그래서 현실적인 감각이 떨어져 경쟁사회에서 뒤처질 수 있다.

진보주의(進步主義, progressivism)

- 이 세상 무엇보다 사람이 소중하므로 행동에 제재를 가하는 악법과 모두가 평등하게 살아야 한다는 의미에서 신분의 서열도 없애려는 성향
- 사람을 복종시키는 기존 질서나 관습을 뜯어고치고, 가진 것도 없고, 세력도 없는 사람들을 위해 기꺼이 봉사하려는 성향을 지닌다.
- 또한 모든 사람이 편리하게 살 수 있도록, 문명의 이기를 맛볼 수 있도록 제도적 장치를 설치하고자 한다.
- 그러나 최소한의 책임마저도 지지 않아도 된다는 의식인지라 인간적인 믿음과 신뢰가 가지 않는다.

실용주의(實用主義, pragmatism)

- 단 하루를 살더라도 재미와 즐거움이 따라야 하며, 금전·물질적

으로 풍부하게 살아야 한다는 성향

- 어떤 일이든 간에 실속이 있어야만 나서고, 되도록 멋진 이성 친구와 화려하고 멋있게 지내고자 한다. 그래서 인간의 삶에 예술적인 가치와 낭만적인 요소를 덧붙이기도 한다.
- 자신에게 어떤 이익(유용성)을 주는가에 따라 그 대상이나 지식이 가치가 있다고 생각하기에 어떻게 보면 굉장히 실리적이면서도 현명한 사람이라 할 수도 있다.
- 그러나 윤리적이고 도덕적인 성향을 싫어하므로 양심적이지 못하고, 인간적이라 하기엔 무리가 따른다.

성공주의(成功主義, successism)

- 남보다 한발 앞서 높은 자리에 오르거나, 물질적으로 풍부하게 살아가자는 성향
- 능력을 인정받기 위해 자신이 맡은 것은 한 치의 오차 없이 처리하며, 남과의 경쟁에서도 결코 뒤처지지 않으려는 성향을 지닌다.
- 친인척, 친구, 동료 등 어느 누구보다도 자신과 배우자 그리고 자식을 소중하게 여기는 이기적인 성향과 아래보다는 위만 바라보고 살기에 웬만해서는 만족할 줄 모르는 성향도 지닌다.
- 그래서 사적인 관계에 있어서는 원만하지 못하고, 남을 배려하거나 이해하지 못해 독선적으로 흐를 수 있다.

보수주의(保守主義, conservatism)

- 급격한 변화나 도전을 싫어하고, 현재의 안정된 체제유지를 통해 이미 누리고 있는 모든 권리(기득권)를 보장받으려는 성향
- 사회의 오랜 관습이나 제도 등을 소중히 여겨 그대로 지키려는 성향
- 약간은 고루해 보이지만 신분상승에 관심이 많고, 전통적 가부장적인 권위의식이나 유교적인 성향도 지닌다.
- 전통을 옹호하고 현 상태 유지를 바라기에 급격한 사회의 변화를 바라고 개혁하려는 사람들과 대립하게 한다.

K-심리학의
전환된 의식 성향

전환된 의식이 무엇인지 알아보자. 그 전에 생각은 한 가지만을 할 수가 없다. 수많은 생각들이 수없이 떠오른다. 그럼에도 자신이 정확히 인지하고 있는 것은 타고난 의식뿐이다. 그렇다면 그 나머지 생각들은 무엇일까? 인지가 안 되므로 알 수가 없는 것일까? 그렇지 않다.

전환된 의식 성향이 어떻게 형성되는지 살펴보자. 성공주의 의식이란 자신이 속한 곳에서 남보다 뛰어난 경쟁력과 능력을 발휘해 부와 귀를 쟁취하고, 자신이 책임진 가정(배우자와 자식)의 행복을 위해 계속 노력하고 정진하는 성향이다. 그러나 자신도 모르는 사이에 성공주의 의식과는 반대 의식인 형이하학, 비경쟁적, 사적 관계, 바깥 중시, 고독, 의욕상실, 나태, 우유부단, 비현실적 의식들이 있다. 이러한 의식들이 자신도 모르는 사이에 성공주의 의식 속에 들어가 있다. 그래서 이를 이상주의(理想主義) 의식이라 했다. 이런 의식의 이름을 붙인 이유는 '현실의 가능성을 무시하여 현실을 벗어나 이상을 지향하는 공상적인 태도나 경향'의 성향이 강해서다. 그래서 자신도 모르는 사이에 "에이, 전부 포기하자!", "치사해서 싫다!", "에이, 양보하자!", "자연인처럼 살자!", "돈이면 다냐?", "에이, 결혼 안 하면 편하지!" 등등의 생각을 하게 된다는 것이다. 자신의 타고난 의식인 성공주의 의식은 인지하고 있지만, 전환된 의식인 이상주의 의식은 인지하지 못한다. 인지하지 못하고 말하는 45초 동안의 의식 중에 이 의식도 들어가 있다. 다시 말하면 성공주의 의식의 영향을 받다가, 어느 순간 이상주의 의식의 영향을 받고, 그러다가 다시 성공주의 의식의 영향을 받는 등 계속해서 의식은 반복되어진다.

그래서 타고난 의식 성향이 박애주의자인 자는 자신도 모르는 사이에 이기적인 생각을 하게 되고, 타고난 의식 성향이 보수주의자인 자는 자신도 모르는 사이에 변화를 주려는 생각을 하게 된다. 타고난 의식 성향이 진보주의자라면 자신도 모르는 사이에 책임을 지려는 생각을 하고, 타고난 의식 성향이 실용주의자인 자는 자신도 모르는 사이에 남을 의식하려고 하고, 타고난 의식 성향이 성공주의자인 자는 자신도 모르는 사이에 인생무상 혹은 속물이 아니라는 생각을 하게 된다.

보수주의란 남에게 인정받을 수 있는 스펙을 갖춘 뒤, 남보다 좋고 높은 신분을 유지한 채, 안정적이고 존경받는 업종에 근무하면서 기득권을 지키고, 권리를 맘껏 누리자는 성향이다. 그러나 자신도 모르는 사이에 보수주의 의식과는 반대인 의식은 유아독존, 윤리와 이목 무시, 충동적, 반항적, 일탈, 모험, 관능적, 안하무인, 막가파, 폭력적인 의식 등이 떠오른다. 이러한 의식을 모험주의(冒險主義) 의식이라 한다. 이러한 의식으로 이름을 붙인 이유는 '성공 여부에 대한 과학적이고 객관적인 판단도 없이 우연적인 성공을 바라며, 위험을 무릅쓰고 일을 무리하게 추진하는 경향이나 태도'의 성향이 강해서다. 그래서 자신도 모르는 사이에 "까짓것, 한 번 해보자!", "뭐가 두렵냐?!", "안면몰수하자!", "누가 보냐?!", "불륜이라고? 좋다!", "명예가 밥 먹여 주냐?!" "죽기밖에 더 하냐?" 등등의 생각을 하게 된다는 것이다. 이 역시 자신이 타고난 의식인 보수주의 의식은 인지하고 있지만, 그 반대인 모험주의 의식은 인지하지 못한다. 그래서 인지하지 못하는 동안의 의식 중에 모험주의 의식도 들어가 있다. 다시 말하면 보수주의 의식의 영향을 받다가 즉시 모험주의 의식의 영향을 받고, 그러다가 다시 보수주의 의식의 영향을 받는 등, 이렇게 계속해서 생각은 변화하게 된다.

박애주의란 자신보다 남을 먼저 생각하기에 경쟁보다는 양보하고, 앞서기보다는 뒤따르고, 물질적 풍요보다는 정신적 풍요를 바라며, 세속적인 사람보다는 참인간답게 살자는 성향이다. 그러나 자신도 모르는 사이에 박애주의 의식과는 반대 의식인 자기애, 과시욕, 이기적, 경쟁적, 시기와 질투, 분노, 계산적, 감정표출, 속물, 인정머리 무시 등의 의식이 떠오른다. 이러한 의식을 개인주의(個人主義) 의식이라 한다. 이러한 의식으로 이름을 붙인 이유는 '다른 사람이나 사회 전체의 이익을 무시하고 자기 자신만의 이익을 추구하는 이기주의적 사고방식이나 태도'의 성향이 강해서다. 그래서 자신도 모르는 사이에 "나만 좋고 편하면 돼!", "세상에서 내가 제일 소중하고 사랑스러워!", "내가 최고다!", "내가 먼저 해야 해!", "의리가 밥 먹여 주냐?!" "나만 즐겁고 행복하면 돼!", "세상은 날 위해 존재해!" 등등의 생각을 하게 된다. 이 역시 자신이 타고난 의식인 박애주의 의식은 인지하고 있지만, 개인주의 의식은 인지하지 못한다. 그리고 45초 동안의 의식 중에 개인주의 의식도 들어가 있다. 다시 말하면 박애주의 의식의 영향을 받다가 즉시 개인주의 의식의 영향을 받고, 그러다가 다시 박애주의 의식의 영향을 받고, 이렇게 계속해서 생각은 반복된다.

진보주의란 모두가 평등한 상태에서 누릴 수 있는 모든 권리와 삶의 이기를 함께 누리고, 소외된 사람이나 사회적 약자에게도 인간의 존엄성을 되찾아주고, 가치 있게 살자는 성향이다. 그러나 자신도 모르는 사이에 진보주의 의식과는 반대 의식인 폐쇄적, 집착, 획일적, 기득권유지, 소통불가, 시시비비, 비판, 명예욕, 배타적, 극우 등의 의식이 떠오른다. 이러한 의식을 신분주의(身分主義) 의식이라 한다. 이러한 의식으로 이름을 붙인 이유는 '혈통이나 가문 등 여러 요인에 따라 구분한 사람의 지위나 자격, 제도적으로 등급에 따라 권리와 의무가 다르다는 개념'의 성향이 강해서다. 그래서 자신도 모르는 사이에 "내가 누군데!", "건방지게 누구 앞에서 까불어!", "대접이 뭐 이 따위야!", "내 뒤에 누가 있는 줄 알아!?", "너하곤 상대가 안 돼!", "까불지 말고 빨리 사라져라!" 등등의 생각과 말을 하게 된다. 역시 자신이 타고난 의식인 진보주의 의식은 인지하고 있지만, 신분주의 의식은 인지하지 못한다. 그리고 45초 동안의 의식 중에 신분주의 의식도 들어가 있다. 다시 말하면 진보주의 의식의 영향을 받다가 즉시 신분주의 의식의 영향을 받고, 그러다가 다시 진보주의 의식의 영향을 받는 등 이렇게 계속해서 생각은 반복된다.

실용주의란 물질적 풍요 아래 멋진 이성 친구들과 함께 화려한 파티를 열며 춤을 추고, 낭만과 예술이 살아 숨 쉬고, '짧게 굵게' 라는 말에 어울리듯 지금 이 순간만 즐겁고 재밌게 살자는 성향이다. 그러나 자신도 모르는 사이에 실용주의 의식과는 반대 의식인 위선, 이목중시, 체면, 우울, 유교적, 인내, 이미지 관리, 생각 많음, 실속 없음, 샌님 등의 의식이 떠오른다. 이러한 의식을 명분주의(名分主義) 의식이라 한다. 이러한 의식으로 이름을 붙인 이유는 '신분이나 이름에 걸맞게 지켜야 할 도리, 일을 하기 위해 겉으로 제시하는 이유나 구실이 되는 개념'의 성향이 강해서다. 그래서 자신도 모르는 사이에 "끝까지 개겨야지!", "난 양반이니까!", "누구 집안의 자식인데!", "체면이 있지!", "학교 어디 나왔어?!", "얼마만큼 배웠냐?" "네 부모는 누구냐?", "폼생폼사다!" 등등의 생각을 하게 된다. 이 역시 자신의 타고난 의식인 실용주의 의식은 인지하고 있지만, 전환된 의식인 명분주의 의식은 인지하지 못한다.

인간은 수없이 떠오르는 생각 중에 자신의 타고난 생각만 인지할 뿐, 나머지 생각들은 인지하지 못한다. 그래서 전환된 의식의 영향을 받고 있어도 자신은 타고난 의식만을 생각하고 있다고 말한다. 그래서 1분 동안의 생각 중에 15초 정도만 자신이 타고난 의식을 인지한 채 말할 뿐이지, 나머지 45초 동안의 생각들은 인지하지 못한 채 말하고 있는 것이다. 45초 생각 중에는 전환된 의식도 들어가 있다.

만화로 본 의식 성향

1. 보수주의
인품과 품위가 있는
삶을 살자!
고상하고 지적으로 살아야지!
존경과 인정을 받으며 살아야지!
신분상승을 노리자.
보란 듯 살아야지!
2. 박애주의
참인간답게 살아야지!
함께 일하고 나누며 살자!
윤리적이고 의리 있게 살자!
배려와 이해심으로…
3. 진보주의
가치와 의미 있는
삶을 살자!
모두가 평등하게 살자!
남을 위해 봉사와 희생을…
모험과 의리가 있는
삶을 살자!
4. 실용주의
재밌고 즐겁게 살다 가자!
낭만과 감상적인 삶을 살자!
물질적으로 풍요로운 삶을 살자!
멋진 이성친구들과
파티를…
5. 성공주의
살아생전
부귀영화를 누려야지!
나(배우자와 자식)만 행복하면 돼!
경쟁력 있게 출세하자!
세상에서 자신이 제일
소중한 걸!

K-심리학 의식의 전환

타고난 의식		〈〉	전환된 의식	
성공 주의	살아 있는 동안 높은 권위와 물질적 풍요로움을 누리며 살자는 이념	〈〉	이상 주의	세속적인 사람이 되지 않고자 부와 귀에 대한 집착을 버리고, 유유자적하게 지내려는 이념
실용 주의	물질적 풍요로움 아래 낭만과 예술이 숨 쉬고, 멋진 이성친구들과 지내려는 이념	〈〉	명분 주의	남의 이목이 두려워서 이미지 관리하고자 감정자제 또는 할 말을 하지 않기에 우울해질 수밖에 없는 이념
박애 주의	인간적인 삶에 충실하고자 자신보다는 남이 먼저라, 모든 것을 함께 나누자는 이념	〈〉	개인 주의	자신만 잘 살면 되기에 물질적인 풍요로움 아래, 재밌고 즐겁게 지내려는 이념
보수 주의	사람보다는 제도나 법을 우선시하기에 남과는 다른, 차원 높은 신분을 유지하려는 이념	〈〉	모험 주의	제도나 법보다는 사람이 우선이라는 생각 아래 모험적, 충동적, 본능적으로 나아가려는 이념
진보 주의	출신 성분에 관계없이 모두가 평등하며, 개인의 존엄성과 권리를 보장받으려는 이념	〈〉	신분 주의	명예로운 자리나 권위에 오르고자 기존체제에 순응하며, 상명하복의 모습을 보이려는 이념

K-심리학의 무의식 성향

무의식(無意識)이란 '자기 행위를 자신이 인지하지 못하는 상태'를 말한다. 행위라는 것은 어떤 모습 또는 행동이란 의미다. 의식과는 전혀 다른 개념인 것이다. 세계 심리학계의 궁극적인 목표가 사람이 어떻게 행동할 것인가를 파악하는 것에 있다고 한다. 그래서 각종 실험도구와 설문지 등을 이용했고, 나아가 연극의 상황극 같은 무대를 만들어 놓고 실험도 했다. 이처럼 전 세계 심리학자나 학계에서도 알아내기 어려운 사람의 행동 성향이, 자신이 지닌 우주에너지만 보면 나온다는 것이다.

필자의 경험에 의하면 실패, 좌절, 파산, 이별 등 좋지 않은 상황을 일부러 만들고 싶어 하는 사람은 없다고 본다. 그런데 본의 아니게 그런 일들을 당한다. 생각한 대로만 행동하면 결코 그런 일들을 당하지 않을 텐데 말이다. 왜 사람들은 생각한 대로 행동하지 못할까? 늘 의문이었다. 항상 심장, 가슴, 행동, 마음, 본능, 이성(理性), 의식, 무의식, 잠재의식 등의 단어들을 떠올리다가, '마음이 이끌리는 대로', '마음을 다스려야', '마음이 가는 대로', '마음 대로 하라'라는 등 '마음'이 들어간 말은 이성적인 통제가 불가능함을 알았다. 다시 말하면 생각한 대로가 아닌, 본능적으로, 동물적으로, 반사 신경적으로, 무의식적으로『넛지』에서는 자동시스템이라고 부르는, 자신도 알지 못하는 행동 성향인 것이다. 그래서 사주용어로는 심성체질(心性體質)이라 했다. 심성(心性)이란 '마음의 본체'란 뜻이고, 체질(體質)이란 '몸'이란 뜻으로, 몸이 마음을 따른다는 의미에서다.

그렇다면 의식이 마음을 따르는 경우는 어떤 상황일까? 술에 취했을 때, 화가 났을 때, 흥분했을 때, 싸움을 할 때, 감정이 상했을 때, 위험한 순간일 때, 자신을 잘 아는 지인들과 함께 있을 때 등등일 것이다. 왜 이럴 때일까? 굳이 이성적인 판단을 할 필요가 없거나, 자신의 본 모습을 숨길 필요가 없거나, 생각을 깊게 할 필요가 없어서다. 그저 즉흥·충동·동물·본능·자동적으로 반응할 때다. 이렇게 심성체질을 찾아 놓고 보니 과거 이해가 되지 않았던 사람들의 행동이 100% 이해가 되었다.

이러한 인간의 무의식 성향은 생존을 위해서는 반드시 필요한 근원적인 성향이라는 점에서 동물의 본능과 일치하지만, 반면에 인간의 본능은 바로 욕심(소유욕과 출세욕)과 같은 욕망과 연결되어 있다는 점에서 차이가 있다. "좀 더 잘나고 싶어!", "좀 더 지적으로 보이고 싶어!", "좀 더 많이 먹고 싶어!", "좀 더 벌고 싶어!", "좀 더 예쁘고 싶어!", "좀 더 출세하고 싶어!", "좀 더 착하고 싶어!" 이런 욕심들이 본능적으로, 『넛지』에서 말하는 '자동시스템'에 의해 드러나게 된다.

이처럼 인간은 타고난 의식 성향보다 더 강한 소유욕과 출세욕 같은 본능적인 욕망에 집착하며 살아가게 된다. 그렇게 된 이유는 앞서 설명한 것처럼 인간의 지능이 발달하고, 사회생활을 하면서부터 더욱 치열해진 경쟁과 욕망의 세상 속에서 살아남기 위한 적응의 형태로 볼 수 있다.

이러한 본능에 충실한 삶은 더욱 이기적인 소유욕을 드러내게 하고, 지나친 지배욕이나 권력욕에 빠지게 만든다. 이는 인간이 본능적인 무의식 성향으로만 치우칠 경우, 자신의 이기와 욕심만을 채우려는 잘못된 삶의 행태로 나아갈 수 있음을 뜻한다.

그렇다면 인간이 지닌 심리에서 90%가 넘는 무의식 성향은 모두 나쁘고 바람직하지 못한 것일까? 이런 물음에 대해서는 당연히 아니라는 것이다. 인간이 지닌 본능적인 측면은 기본적으로 생존을 위해선 매우 중요한 부분으로, 풍부한 감정과 본능적 감각의 기능은 문명의 발달에 엄청난 영향을 끼쳤다.

임상에서 내담자에게 생각(격국)을 얘기하고 나서 행동(심성체질)을 얘기하면 깜짝 놀란다. 필자가 내담자를 지켜봤다는 듯이 말한다는 것이었다. 내담자의 행동을 어떻게 아는지 의아한 눈길로 쳐다본다.

기억에 남는 내담자가 있었다. 결혼한 지 얼마 안 된 신혼부부였다. 자주 싸운다는 거다. 그래서 신랑이 집에 와서 하는 행동과 아내가 신랑에게 하는 행동을 얘기하고, 그래서 싸운다고 했더니 필자더러 "저희 집에 왔었어요? 본 듯이 말씀하시네요!"라며 놀라워한다. 앞으로 그러지 않겠다고 다짐하면서 상담을 마친 적이 있었다. 정말로 한 오행의 수치가 1.6이 넘어서면 그 오행의 성향이 이끄는 대로 행동하게 됨을 알았다. 필자 역시 사주팔자에 행동까지 나타날 줄은 꿈에서도 생각한 적이 없었다.

그리고 문제는 무의식 성향의 비중이 90%를 넘어 99%에 가까이 다가갈 때이다. 타고난 이성적인 의식 성향은 사라지고, 그것과는 반대되는 전환된 의식만을 떠올리며, 오로지 본능적인 무의식 성향이 이끄는 삶의 방향으로 살아가기 때문이다. 이성적인 대화나 객관적인 판단이 이뤄지지 않는, 자신만의 집착된 삶으로 살아가기 때문이다. 이성적인 의식 성향(9%)과 본능적인 무의식 성향(90%)이 적절한 조화를 이루었을 때는 우주자연의 원리에 따른, 가장 인간적이면서 보편타당한 삶인데 말이다.

필자가 창안한 이론에서는 무의식 성향이 어떻게 형성되는지 살펴보자. 사주 안에서 1.6이 넘는 오행이 한 가지만 나오는 것이 아니라, 두 가지 오행도 있고, 더러 세 가지 오행이 나오는 경우도 있다. 또는 1.6이 넘지 않는 경우도 있다. 한 가지 체질 5종류, 두 가지 체질 10종류, 세 가지 체질 10종류, 체질이 없는 경우 5종류 등 모두 30종류가 되었다. 여기서는 사람에게 흔하게 나타나는 15가지 무의식 성향만 소개한다.

권력형(기본형)

권력형의 특성은 자기 절제다. 왜 자제 또는 절제해야 하는가? 그것은 남보다 좀 더 잘나 보이기 위해서다. 그러려면 못난 행동이나 모습을 보이지 말아야 한다. 누가 시켜서가 아니라, 스스로 오버하지 않고 욕먹지 않고자 해서다. 그래서 이를 '권력형'이라 했다.

권력형의 무의식 성향을 지닌 사람은 어릴 적부터 다른 아이처럼 위험한 놀이를 하거나 말썽을 피우지 않으며, 까불대거나 개구쟁이 짓도 하지 않는다. 친구와 놀 때도 앞에 나서서 모임을 이끌거나 친구들에게 명령을 내리거나 지시하고자 한다. 부모나 어른이 시키는 것은 무엇이든 책임감 있게 처리하며, 행동 하나하나가 늘 단정하고 믿음직스럽다.

현실의 테두리나 기존의 틀에서 벗어나는 것을 싫어하고 원리원칙, 규칙 그리고 법에 어긋나지 않으려는 행동을 드러낸다. 사적인 부분보다 공적인 부분을 중시하고, 남보다 한발 앞서 출세하려고 강한 경쟁력을 표출한다. 이러한 성향으로 인해 자신이 속한 사회나 공동체에서 출세하거나 성공하는 경우가 많은 것도 사실이다.

그래서 타인의 눈에는 성실하고 책임감이 강하고, 이성적이며 모범적인 삶을 사는 것처럼 보이지만, 고지식하고 단조로운 생활, 권력에 대한 끝없는 동경, 융통성과 개방성의 결여 등으로 인간미가 떨어진 모습을 보이기도 한다.

- **관련 단어**: 책임감, 명예욕, 준법성, 모범적, 계획적, 리더십, 상명하복적, 충성심, 정리정돈, 성실성, 모방적, 자식 집착(남자), 배우자, 남자 집착(여자)

안정형(기본형)

이 무의식의 특성은 생각 많음이다. 왜 생각이 많아야 하는가? 그것은 남의 이목이 두려워서다. 어떻게 평가할지 두려워 선불리 행동으로 옮기지 못하는 거다. 그래서 이를 '안정형'이라 했다.

안정형의 무의식 성향을 지닌 사람은 어릴 적부터 또래 친구들의 놀이에 참여하기보다는 어른들의 일에 관심을 갖거나, 자신보다 어린아이들을 돌보고 몸이 불편한 어른들을 도와주는 등 아이답지 않은 행동을 한다. 또한 나이에 어울리지 않게 좋고 싫다는 감정적인 표현도 자제하는 모습을 보인다.

인간의 기본 도리와 의무를 다하고, 부모나 어른들에게 인정받고자 공부하며, 신분상승을 하고자 지적이고 고상한 이미지를 풍긴다. 그래서 변화가 많고 모험이 따르는 일을 극히 거부하며, 욕을 먹으면서까지 돈을 버는 행동은 하지 않고, 여하한 경우에도 남의 이목이나 평판을 무시하지 못한다. 설령 가진 것이 없어도 있는 척하며, 늘 윤리적이고 양심적인 태도를 취한다.

이와 같은 성향으로 인해 사회적으로 인정받을 수 있는 기회도 많으며, 타인의 눈에는 무척 이성적이고 안정된 삶을 살아가는 듯 보인다. 하지만 끝없이 인정을 받으려는 욕구와 몸을 사리고, 인내하려는 생활 태도로 인해 다양한 삶을 경험하지 못하며, 감상적이며 낭만적인 삶도 맛보지 못해 간혹 우울증에 빠지기도 한다.

- **관련 단어:** 식욕, 인내적, 학구적, 동정심, 윤리적, 의존적, 보수적, 논리적, 유교적, 우울증적, 침착성, 무사안일, 이성적, 도덕적, 호소력, 마마보이(남자)

의리형(기본형)

이 성향의 특성은 욕심이 없음이다. 왜 욕심이 없는 것일까? 그것은 남과 함께 어울리며 나누기를 좋아해서다. 그래서 부귀영화보다는 인간답게 살자는 거다. 그래서 이를 '의리형'이라 했다.

의리형의 무의식 성향을 지닌 사람은 어릴 적부터 친구 앞에 나서기보다는 뒤따르기를 좋아하고, 힘을 쓰는 놀이라면 적극적으로 나서며, 친구와 함께 어울리는 놀이나 일 그리고 부탁에는 아무리 힘들고 궂은일이라도 마다하지 않는다.

늘 자신보다 타인을 배려하고 이해하며, 특히 심신의 건강을 위해 웰빙적인 삶을 살며, 되도록 속물이 되지 않으려고 인문학적인 삶에 신경을 쓴다. 모두가 함께 나누며 공존할 수 있는 이상적인 사회를 만들고자 애쓰기에 누구보다 강한 의리와 우정애를 드러낸다.

이와 같은 성향으로 인해 사람들로부터 진실성과 순수성을 인정받고 욕심 없는 사람이라는 칭찬을 받는다. 하지만 속물이기를 거부하려는 성향과 경쟁하지 않으려는 생활 태도에 적극적인 사회활동과 책임감 있는 삶을 보여주지 못해, 물질적으로나 권위적으로 풍요롭지 못한 삶을 산다.

- **관련 단어:** 순수성, 의리와 우정, 이타적, 염세적, 수면욕, 협동적, 운동적, 웰빙적, 무소유, 비경쟁적, 신앙적, 4차원적, 친정 집착(여자), 대인관계 집착(남자)

모험형(기본형)

이 성향의 특성은 의심 많음이다. 왜 의심이 많아야 하는가? 그것은 남을 믿지 못해서다. 남을 믿지 못하므로 모든 것을 자신이 직접 해봐야만 한다. 그래서 이를 '모험형'이라 했다.

모험형의 무의식 성향을 지닌 사람은 어릴 적부터 높은 곳에 올라가 아슬아슬하게 뛰어 놀거나, 가지 말라거나 하지 말라는 것은 굳이 찾아다니며 하는, 아주 유난스러운 행동을 보인다. 몸이 다칠 수도 있는 위험한 놀이도 두려워하지 않고, 호기심과 상상력, 창의력과 변화에 대한 감수성과 통찰력도 풍부한 삶을 산다.

사람 위에 군림했던 기존의 관습과 전통을 개선하고 개혁하고, 사회적 지위나 신분의 차이 등을 없애 모두가 평등하게 살게 만든다. 무엇보다 새로운 변화에 발 빠르게 적응하는 적응력과 순발력에 있어서는 타의 추종을 불허한다. 그래서 되도록 용의 꼬리보다는 뱀의 머리가 되려고 한다.

이와 같은 성향으로 인해 자기만의 독창성과 전문성으로 승부하는 프리랜서로서 성공할 가능성은 높다. 하지만 카리스마 넘치고 능수능란하게 보이려는 독불장군식의 성향 때문에 주위로부터 무시당할 수 있고, 불안정한 생활을 하게 될 가능성도 많아 기존의 사회나 질서 속에서 아웃사이더가 될 가능성도 있다.

- **관련 단어:** 창의적, 호기심적, 개혁적, 융통적, 카리스마, 도전적, 독선적, 민첩성, 추진력, 성욕, 사이코패스, 미식가, 창작적, 개방적, 자식 집착(여자), 처가집 집착(남자)

현실형(기본형)

이 성향의 특성은 이기적인 거다. 왜 이기적이어야 하나? 그것은 세상 누구보다 자기 자신이 소중해서다. 자신이 소중하므로 주위의 이목과 인기를 받아야 한다. 그래서 이를 '현실형'이라 했다.

현실형의 무의식 성향을 지닌 사람은 어릴 적부터 또래 아이들과 놀 때도 재미가 있는 다양한 놀이를 개발해 놀며, 인터넷 게임 등에 뛰어난 소질을 보인다. 최신 유행과 멋에 민감하고 늘 재미있고 즐겁게 살고자 하며, 삶을 좀 더 감상적이고 낭만적으로 살며, 동성 친구보다는 이성 친구에게 더 많은 관심을 드러낸다.

끊임없이 다양한 재능을 개발해 자신을 예술적으로 아름답게 연출하려는 성향도 강하고, 수리와 계산에 밝은 탓에 금전적인 부분에 집착하려는 경향이 강해 간혹 도박성이 강한 게임이나 노름에 빠질 가능성이 높다. 이기적인 성향을 지녔으면서도 이성을 사귀는 데 있어 능수능란하고, 재치와 유머가 뛰어나 주위의 이목을 집중시키는 재능도 있으며, 순식간에 분위기를 반전시키는 순발력도 뛰어난 편이다.

이와 같은 성향으로 인해 물질적인 풍요를 누리며 즐겁고 재미있게 살아갈 수 있다. 하지만 뛰어난 현실감각과 아울러 이해계산에 너무 밝은 행동 때문에 주위 사람들로부터 인간적으로 순수하지 않다거나 의리나 우정과는 거리가 먼 이기적인 사람이란 평가를 받을 가능성이 높다.

- **관련 단어:** 이기적, 사교적, 예술적, 경쟁적, 쾌락적, 재물욕, 낙천적, 계산적, 조울증, 분석적, 낭만적, 개인적, 외향적, 배우자 집착(남자), 시댁 집착(여자)

보수형

보수형은 기본형인 권력형과 안정형이 모여 형성된 것으로, 기본형인 모험형과는 정반대가 되는 성향이다. 이 성향을 한마디로 표현하면 기존 체제에 순응하며 신분을 높이고자 스펙을 쌓고, 질서와 규범을 철저히 지키고, 사회가 요구하는 대로 완벽하고 성실한 모습을 드러낸다.

자신이 속해 있는 조직이나 공동체, 사회에서 힘을 갖고 있는 사람들의 신뢰와 인정을 받고자 맡은 일을 빈틈없이 처리해 책임감 있는 사람이란 평가를 받고자 한다. 그렇게 함으로써 기존 체제 내에서 힘을 가진 위치에 도달하고자 한다.

누구보다도 보수적인 색깔이 강하며, 윤리와 도덕적인 부분 그리고 남의 이목과 이미지 관리에 엄청 신경을 쓴다. 안팎으로 위계질서가 확실하기를 바라며 곧 죽어도 양반이라는 의식을 버리지 않는다. 기존의 체제와 질서 내에서 출신 성분이나 사회적 지위가 높은 사람 등 신분이 높은 사람들과 어울리고자 한다.

그래서 체면을 지키기 위해 가식적인 행동을 하는 경향이 있고, 가진 자들을 부러워하고 없는 자들은 멸시하는 성향을 나타내며,

강자에게 약하고 약자에는 강한 속물적인 성향도 드러낸다. 상명하복에 충실한 조직인의 전형으로, 기존 상황이나 체제에 안주하기에 무사 안일한 태도로 인해 빠르게 변화하는 현대 사회에서 경쟁력을 잃고 뒤처질 수도 있다.

이타형

이타형은 기본형인 안정형과 의리형이 모여 형성된 것으로 기본형인 현실형과는 정반대가 되는 성향이다. 이 성향을 한마디로 표현하면 참인간답게 모두가 어울려 살아가자는 성향이다. 다른 사람을 배려하고 존중하며 누구에게나 친절하고 예의바르게 행동한다. 사회적 약자에 대한 동정심도 있고 이웃에게 인정을 베풀 줄도 알고, 지적인 탐구 노력을 쉬지 않는다. 특히 다른 사람들의 눈에 자신이 속물이 아님을 드러내고자 한다.

자신에겐 금전적 이익보다 참인간다운 사람이 중요하며, 물질적 풍요보다는 정신과 신체의 건강을 중시하고, 개인적 이익보다는 공동의 선을 추구하는 순수한 이상을 갖고 있다. 그래서 물질적 이해를 따지기보다는 의리를 지키고 싶어 하고, 이웃의 어려움을 보면 발 벗고 나서서 돕는다. 정신의 안정과 신체의 건강을 추구하기 위해 종교 활동이나 심신 수련에 힘을 쏟기도 한다. 한마디로 속물과는 거리가 멀다. 그야말로 순수하고 인간적인 사람이다.

사람들로부터 합리적이고 예의바르며 순수한 사람이란 평가를 받을 수는 있겠다. 하지만 요즘같이 험악한 무한 경쟁시대에는 경쟁력을 잃기도 쉬운 성향이라 할 수 있다. 보다 풍요로운 삶을 위해서는 책임감과 현실감각, 경쟁력을 키울 필요가 있다. 현실 감각은 단번에 익혀질 것이 아니니 믿을 만한 친구나 스승의 조언에 의지하는 것도 좋다.

진보형

진보형은 기본형인 의리형과 모험형이 모여 형성된 것으로 기본형인 권력형과는 정반대가 되는 성향이다. 이 성향을 한마디로 표현하면 수평적인 사회와 가치 있는 삶을 살자는 성향이다. 사회적인 신분이나 직위에 관계없이 사람이면 누구나 평등하다. 또한, 물질적으로 풍요로운 삶보다는 단 하루를 살더라도 의미나 가치가 있는 삶을 위해 사회적인 운동이나 환경운동 등에 매진하기도 한다.

호기심과 상상력이 풍부하고 두려움이 없다. 유연한 사고를 하기에 모든 일에 창의성과 융통성이 넘친다. 변화에 민감하고 늘 새로운 것을 추구하며, 모험과 스릴을 즐긴다. 남의 간섭을 받는 것을 극도로 싫어하는 조직에 속하기보다는 혼자서 일하기를 좋아하고, 남의 밑에서 일하기보다는 어떻게든 자신이 주도해서 사람들을 이끈다.

안정되고 틀에 박힌 삶은 참을 수 없다. 늘 기존 체제나 규범에 도전하여 개혁하려 하고 자신도 변화하려 애쓴다. 차근차근 계획적으로 일을 진행하기보다는 직관에 따라 즉흥적으로 방향을 바꾸기도

하고, 단번에 모든 것을 뒤집기 위해 불확실성과 위험을 감수하고 모험에 뛰어들기도 한다.

쾌락형

쾌락형은 기본형인 모험형과 현실형이 모여 형성된 것으로 기본형인 안정형과는 정반대가 되는 성향이다. 이 성향을 한마디로 표현하면 사는 동안 즐거운 재미를 찾고자 낭만과 예술을 즐기는 즉 쾌락적인 삶을 지향하는 성향이다. 호기심과 상상력이 풍부하고, 유연한 사고로 인해 창의성과 융통성이 넘친다. 또한, 변화에 민감해 늘 새로운 것을 찾고자 모험 있는 삶을 즐긴다.

차근차근 계획적으로 일을 진행하기보다는 직관에 따라 즉흥적으로 방향을 바꾸기도 하고, 한 번에 모든 것을 뒤집기 위해 불확실성과 위험을 감수하고 모험에 뛰어들기도 한다. 또한 남들 이상으로 현실적인 즐거움을 누리고자 물질적 풍요로움에 매우 민감하다.

세상 물정에 밝고 계산이 빠르며 남 못지않은 예술적 감각도 타고났다. 재치와 유머가 넘치고 사교성도 좋다. 한마디로 뛰어난 감수성으로 자신도 즐기고 주위 사람도 즐겁게 만드는 분위기 메이커라 할 수 있다. 타고난 경쟁심과 현실 감각으로 인해 어떤 경우에도 손해보는 일이 그다지 없다. 자기 꾀에 자기가 넘어가는 경우는 있어도 말이다.

좀 과장한다면 돈이 되는 일에는 물불 안 가리고 달려드는 사람이다. 어떤 식으로든 나름의 실속을 챙길 줄 알고, 어설프게 남에게 양보하는 일 같은 것은 하지 않는다. 어쨌든 자신은 누구에게도 만만치 않은 현대 사회에서 경쟁력을 갖는 유형의 사람이다.

이기형

이기형은 기본형인 현실형과 권력형이 모여 형성된 것으로 기본형인 의리형과는 정반대가 되는 성향이다. 이 성향을 한마디로 표현하면 현실세계에서 성공을 바라는 성향이다. 그래서 세상 누구보다 자신을 사랑하고 소중하다고 여기는 성향으로 인해 자신이 책임진 배우자와 자식만큼은 끔찍하게 아낀다. 그래서 대가족보다는 핵가족 시대에 잘 어울리는 매우 현실적이며 이기적인 스타일이다.

누구에게도 만만치 않은 경쟁력을 갖춘 사람이며, 법과 사회 규범을 철저히 지키고 사회가 요구하는 대로 완벽하고 성실한 모습을 연출한다. 타인, 특히 당신이 속한 조직이나 공동체에서 힘을 갖고 있는 사람들의 신뢰를 획득하기 위해 맡은 일을 빈틈없이 처리하는 책임감 있는 행동을 보인다. 그렇게 함으로써 차근차근 힘 있는 높은 자리에 도달하려 한다. 그리고 세상 물정에 밝고 계산이 빠르며 남못지않은 예술적 감각과 재치와 유머도 있으며 사교성과 친화력도 좋다.

기존의 체제 안에서 성공하고 출세하기 위해 엄청난 노력을 할 것이다. 또한 그 결과 상당한 정도의 출세와 물질적 풍요를 성취할 수도 있다. 하지만 자신의 욕구는 웬만해선 채워지지 않는다. 늘 현재보다 나은 내일, 즉 지금보다 더 높은 자리를 차지하고 더 많은 물질적 풍요가 보장되는 미래를 향해 부지런히 노력해야 한다는 강박관념을 가질 수 있다.

신분형

신분형은 기본형인 권력형과 의리형이 모여 형성된 것으로, 무엇보다도 자신의 신분에 관하여 지대한 관심을 지니는 성향이다. 즉, 사회적 성공을 바라는 출세주의와 참인간답고 순수하게 살아가자는 이상주의가 본능에 공존하고 있다.

사회나 조직이 요구하는 갖가지 규범을 철저히 지키고, 맡은 일은 책임감을 갖고 완벽하게 처리하며, 자신이 속한 조직이나 체제에 강한 충성심을 보인다. 이렇게 사회적으로 모범적이고 성실하게 사는 모습을 보임으로써 사회 구성원 특히 자신에게 영향력이 있는 윗사람의 신뢰와 인정을 획득하고 싶어 한다. 그렇게 함으로써 차근차근 기존 체제나 조직의 높은 자리에 도달하고자 애쓴다.

또한 사회적 신분이나 직위에 관계없이 사람은 누구나 평등하다는 신념을 갖고 있으며, 물질적 풍요보다는 정신과 신체의 건강을 중시하며, 개인적 이익보다는 공동의 선을 추구하는 순수한 이상을 갖고 있다. 그래서 물질적 이해를 따지기보다는 사람 사이의 의리를 지키는 것을 중시하고, 이웃이 어려움을 당하면 발 벗고 나서서 돕는 행동을 보인다.

이처럼 극단적으로 모순되는 성향이 공존하기 때문에 자신의 생각이나 행동에서 많은 갈등이 드러난다. 사람을 대함에 있어서도 어느 때는 권위의 화신처럼 카리스마를 보이다가도, 또 다른 때는 한없이 존중하고 배려하는 따뜻한 마음을 드러내기도 한다. 한없이 이기적인 모습을 보이다가 예기치 않게 이타적인 행동을 하기도 하고, 이성 간의 사랑과 동성 간의 우정 사이에서 갈등하기도 한다.

재물형

재물형은 기본형인 의리형과 현실형이 모여 형성된 것으로, 무엇보다도 자신이 소유할 수 있는 재물에 지대한 관심을 지니는 성향이다. 즉, 참인간답고 순수하면서 무소유적인 이상주의와 이기적이고 소유욕이 강한 개인주의가 공존하고 있다.

물질적 이해를 따지기보다는 사람 사이의 의리를 지키는 것을 중시하고, 이웃이 어려움을 당하면 발 벗고 나서서 돕는 행동을 보인다. 정신의 안정과 신체의 건강을 위해 종교 활동이나 심신 수련에 힘을 쏟기도 한다. 한마디로 속물과는 거리가 먼 순수하고 인간적인 사람이다.

또 한편 세상 물정에 밝고 계산이 빠르며 재치와 유머가 넘치고 사교성도 좋다. 타고난 경쟁심과 현실 감각으로 인해 어떤 경우에도 손해 보는 일이 없다. 누구와 어떤 이해관계를 다투더라도 자신 나름의 실속을 챙길 줄 알고, 어설프게 남에게 양보하는 일도 없다.

정신적인 삶을 중시하다가도 물질적인 생활을 중시하고, 감정을 자제하고 있다가도 갑자기 감정이 폭발한다. 젊어서는 우정이 먼저인지 사랑이 먼저인지를 두고 갈등하는 상황에도 부딪힐 수 있다. 자신의 변덕스럽고 예상하기 어려운 행동은 많은 사람들을 헷갈리게 만들겠지만 스스로도 괴로울 것이다.

이런 성향이 공존하기 때문에 마음에는 갈등이 많고, 행동도 종잡기 어려운 면이 많다. 돈이 최고인양 전심전력 벌기 위해 애쓰다가, 갑자기 번 돈을 한꺼번에 다 써버리고, 남들에게 베풀고 남김없이 퍼줄 것처럼 행동하다가, 느닷없이 인색해져서 죽을 둥 살 둥 돈에 집착하기도 한다.

도덕형

도덕형은 기본형인 현실형과 안정형이 모여 형성된 것으로, 무엇보다도 도덕적인 삶에 지대한 관심을 지니는 성향이다. 즉, 현실적인 쾌락을 중시하는 개인주의와 인간된 의무와 도리를 다하려는 윤리주의가 공존하고 있다.

남들 이상으로 현실적인 즐거움을 누리기 위해선 무엇보다 돈이 중요하다는 것을 알고 있다. 그래서 타고난 경쟁심과 냉철한 분석력을 통해 돈이 되는 일에는 물불 가리지 않고 달려든다. 누구와 이해관계를 다투더라도 나름의 실속을 챙기지, 어설프게 양보하는 일은 없다. 그래서 이기적이고 냉정한 사람이란 평가를 받을 수도 있다.

또 한편으로는 다른 사람을 배려하고 존중하며 친절하고 예의바르게 행동한다. 사회적 약자에 대한 동정심도 있고 이웃에게도 인정을 베풀 줄도 안다. 그리고 남의 이목을 중시해 이미지 관리와 지적인 탐구 노력을 게을리 하지 않는다. 그래서 사려 깊고 이해심 많은 믿음직한 사람이란 평가를 받을 수도 있다.

이런 두 가지 성향이 공존하기에 항상 마음에는 갈등이 많고, 행동 역시 종잡기 어려운 면이 많다. 그래서 돈이 된다면 물불 가리지 않다가도 양심에 걸려 주저하기도 하고, 남들 의식 않고 내키는 대로 살다가 갑자기 남의 이목이나 평판에 예민해진다. 변화무쌍한 세상의 자극을 즐기다가도 조용하고 평온한 생활을 그리워한다. 변덕스러운 감정을 희롱하며 쾌락을 좇다가 이성적인 윤리의식 때문에 머뭇거리는 경향이 매우 강하다.

명분형

명분형은 기본형인 안정형과 모험형이 모여 형성된 것으로, 세상 무엇보다도 명분에 대해 지대한 관심을 지니는 성향이다. 즉, 이성적이고 의무와 도리에 충실하려는 윤리주의와 본능적인 성향을 그대로 행동으로 표출하려는 모험주의가 공존하고 있다.

일을 처리함에 있어 절대적으로 서두르지 않는다. 신중에 신중을 가하고, 생각에 생각을 더한 다음에 처리하는 성향으로, 나쁘게 얘기하면 일의 진척이 거의 없다고 할 수 있다. '이렇게 하면 이런 얘기가 나오겠지, 저렇게 하면 저런 얘기가 나오겠지' 수많은 생각 탓에 실행까지는 가지 못하고, 중도에 그만 두기도 한다.

또 한편으로는 일을 추진함에 있어 깊이 생각하고 세밀하게 검토하는 단계 없이 직감적이든, 충동적이든 바로 행동으로 옮긴다. 마치 '말보다 주먹이 앞선다.'라는 말처럼 생각보다 행동이 먼저인 모습을 보인다. 잠시 망설이거나 생각할 틈도 없이 본능적, 반사적으로 대응한다.

이런 두 가지 성향이 공존하기에 항상 마음에는 갈등이 많고, 행동 역시 종잡기 어려운 면이 많다. 사회적 관습과 윤리 도덕, 이미지 관리를 생각해서 안정된 삶을 살다가도, 기존 질서에 반발하는 화끈한 개혁적 성향을 드러낸다. 본능에 따른 행동을 하다가도, 양심과 체면을 중시하고, 차분하고 고상한 이미지를 연출하다가도, 갑자기 남들의 이목이나 평판을 개의치 않는 충동적이고 제멋대로인 모습을 보인다.

권리형

권리형은 기본형인 권력형과 모험형이 모여 형성된 것으로, 세상 무엇보다도 자신의 권리에 대해 지대한 관심을 지니는 성향이다. 즉, 자신의 권리를 보수적인 체제에서 인정받으려는 권위주의와 구태와 기존 체제를 청산하고 진취적이고 새로운 체제인 진보주의 아래에서 인정받으려는 모습이 공존하고 있다.

그래서 옛것에 무조건적으로 따라가거나 받아들이기보다는 자신만의 세계에서 새롭게 해석해 내려는 노력을 기울인다. 그래서 반항적인 모습을 보이다가, 순순히 따르는 모습, 그러다가 다시 반항하고 다시 또 순응하고, 이런 행동을 되풀이한다. 이렇게 갈팡질팡하는 모습이 모험형과 권력형의 모습인 것이다. 그래서 변화 대 관습, 욕정 대 절제, 일탈 대 현실, 독립적 대 조직적, 남편 대 자식(여자)으로 행동이 이리 왔다 저리 갔다 한다.

이런 두 가지 성향이 공존하기에 항상 마음에는 갈등이 많고, 행동 역시 종잡기 어려운 면이 많다. 사람보다 법이나 제도를 우선시하는 보수적인 체제에 순응하다가도, 사람을 가장 중시 여기는 진보주의적인 체제를 선호하기도 한다. 더러는 구 이론을 180도 다른 차원의 이론으로 탈바꿈시키기도 한다.

이렇듯 열다섯 종류의 무의식 성향을 알아보았다. 무의식 성향은 자신이 거의 인지하지 못한 채 나타는 것임에도 불구하고, 본능적으로 안과 밖에서의 행동이 다르다. 인지하지는 않지만, 본능(『넛지』 책에서는 자동시스템이라 함.)에 의해 스스로 자신을 잘 모르는 곳에서와 잘 아는 곳에서의 행동을 조절할 수 있다는 것이다. 아래 표로 알기 쉽게 정리해 놓았다.

밖에서의 행동		↔	안에서의 행동	
권력형	사회적인 성공과 출세를 위해 책임감 있는 모습으로	↔	막가파형	독재스타일로 명령만 내리고 귀찮은 것은 미루는 모습으로
안정형	인격적으로 성숙함을 인정받으려는 모습으로	↔	감정형	감정 내키는 대로 말하고 잔소리도 많아지는 모습으로
의리형	우정과 의리를 중시함으로써 모임의 리더가 되려는 모습으로	↔	무기력형	현실감각을 잃고 불규칙적으로 생활하는 모습으로
모험형	호기심이 왕성해 몸을 사리지 않고 활동하려는 모습으로	↔	불만형	불합리한 점을 탓하고 반항·반발심을 드러내는 모습으로
현실형	자신이 처한 현실을 극복하고자 닥치는 대로 노력하는 모습으로	↔	계산형	가족을 중시하지 않고 모든 것을 돈으로 계산하는 모습으로
보수형	위계질서와 윤리를 받들며 원리원칙을 중시하는 모습으로	↔	명령형	자신은 꼼짝 않고 모든 것을 가족에게 지시하는 모습으로
이타형	자신보다 남을 더 배려하고 이해하고 따라가는 모습으로	↔	무시형	가족에게는 배려·나눔이 없고 가족의 말도 무시하는 모습으로
진보형	모든 것을 받아들이는 개방성과 융통성을 발휘하는 모습으로	↔	독재형	무책임과 무관심으로 일관하며 현실성이 없는 모습으로
쾌락형	늘 재미가 있고 감정표현을 서슴없이 드러내는 모습으로	↔	무응답형	혼자 즐기든지, 힘들지 않거나 재미있는 일만 하는 모습으로
이기형	능력과 경쟁력을 앞세워 또래보다 먼저 성공하자는 모습으로	↔	간섭형	가족들의 행동에 일일이 간여하며 독려하는 모습으로
신분형	태어난 신분에 유난히 집착함으로써 패기 없는 모습으로	↔	책임형/무책임형	완벽하게 가정 일을 처리하거나, 꼼짝하지 않고 잠만 자거나
명분형	명분적인 것에 유난히 집착함으로써 실리가 없는 모습으로	↔	유교형/본능형	꼼짝하지 않고 생각만 하거나, 할 일을 찾아 움직이거나
권리형	권리적인 부분에 유난히 집착함으로써 안정감 없는 모습으로	↔	변화형/고수형	인테리어에 많은 관심을 갖거나, 살림에 전혀 관심 없거나
재물형	재물에 대해 유난히 집착함으로써 권위가 떨어진 모습으로	↔	무소유형/욕심형	가족에게 전혀 관심이 없거나, 온갖 것에 간섭·참견하거나
도덕형	도덕적인 생활에 유난히 집착함으로써 우의가 없는 모습으로	↔	분위기형/이목형	온갖 호들갑·분위기를 띄우거나, 조용히 무게 잡고 있거나

여기서 팁 하나를 제공한다. 기본적인 다섯 가지 체질 중에서 자신의 감정을 잘 표출하지 못하는 무의식 성향이 있다. 현실형은 낭만적·사교적이라 감정표현의 달인이고, 모험형은 하고자 하는 것은 꼭 하므로 감정이 쌓일 것 같지 않고, 의리형은 친구나 지인을 만나면 남에게 하지 못한 말을 털어놓기에 감정이 잘 쌓이지 않는다. 그래서 이들 성향의 소유자는 스트레스를 크게 받지 않는다. 그러나 안정형과 권력형은 그렇지가 않다. 안정형은 남의 이목을 중시해 이미지 관리를 해야 하고, 권력형은 모범적인 생활을 해야 하므로 하고 싶은 모든 행동을 드러낼 수가 없다. 즉 감정을 100% 모두 분출할 수가 없는 것이다. 이러한 상황이 하루 이틀이 아니고 평생 이어진다면 어떻게 되겠는가? 아마도 스트레스로 인해 병이 생기거나 원만한 사회생활을 할 수가 없을 것이다. 그래서 우리의 몸(신체) 스스로가 스트레스에서 벗어나고자 몸부림을 친다. 이 몸부림으로 인해 스트레스가 해소되어 정상적인 생활을 할 수가 있는 것이다. 이러한 몸부림을 누가 시키거나 명령한 것이 아닌, 순전히 본능에 의해 일어난 행동들이다. 그래서 자기 자신 스스로 인지하기가 쉽지 않다. 이런 사실 하나만 가지고도 알 수 있는 것은, 사람은 생각에 의해 행동하며 살아가는 것이 아니라, 생각과는 달리 행동을 먼저 드러냄으로써 살아가는 존재인 것이다.

안정형은 밖에서 품위 있는, 지적인, 고상한, 인내하는 모습만 드러낸다. 그래서 본능적으로 말과 행동을 함부로 하지 않는다. 경솔한 행동이나 말, 쌍스러운 말이나 행동, 비속어와 남의 흉을 보는 행동이나 말들은 사용하지 않는다. 그저 고상하고 우아하고 지적인 멋이 풍기는 말과 행동들만 한다. 권력형도 마찬가지로 되도록 자신의 감정을 숨기고 잘난 모습만 보여줘야 한다. 안정형만큼 심하지는 않지만 말이다. 어쨌든 감정대로 말하거나 행동하지 못하는 것은 마찬가지다. 그래서 안정형의 몸부림은 현실형의 모습으로, 권력형의 몸부림은 모험형의 모습으로 드러난다. 안정형의 경우, 밖에서는 감정을 잘 자제하고 인내하는 행동을 보이지만, 집안에서는 매우 유아틱한 모습으로 단 하나도 참지 못하고 감정을 분출하는 모습을 드러낸다. 그래서 가족들이 보기엔 마치 이중인격자처럼 보이기도 한다. 권력형의 경우는 평소 완벽하고 모범적인 생활을 드러내다가도 간간이 일탈의 모습을 드러낸다. 순간적으로 도박, 경마, 게임 등에 빠지거나, 성(性)에 집착하는 모습을 드러내기 때문이다. 특히 해서는 안 되는 일이나 법을 어기는 사건들을 일으킨다. 그래서 가족과 지인들을 종종 놀래키기도 한다. 이와 같은 행동들은 누가 시켰어도, 의도적으로 하는 것이 아니다. 우리의 몸이 건강한 상태를 유지하고자 몸 스스로가 알아서 하는 행동인 것이다.

그리고 각각의 무의식 성향에 따라 어느 가족하고의 인연이 강하고 약한지를 알 수 있다. 다음 도표를 참고하라. 해당자 가족이 자신 옆에 없으면 허전하지만, 있으면 불편해지는 관계로 마치 애증관계를 의미한다. 또한 대운이 하락하면 해당자 가족에게 집착하게 되어 자신의 의지대로 삶을 살 수가 없게 된다.

1. 권력형
역시
책임감과 성실성
모두 가지고 있군!
2. 안정형
여행 오니 좋죠?
부모님, 잘 돌봐드려야지!
그래, 좋고 말고….
3. 의리형
친구들아, 같이 운동하자!
그래, 건강을 위해 같이 하자.
4. 모험형
정말 이럴까?
확인해 봐야겠네!
궁금하면 네가 직접 해봐라!
5. 현실형
내 것을 먼저 챙겨야지!
쟤네들, 이기적인 것, 알아줘야 해!
6. 보수형
이 정도는 돼야지….
저 집은 정말 우아한
사람들이네!
정말 안정된 분이야!

7. 이타형
약수터
힘들어 보이네요.
먼저 드세요~
헉헉, 어우 목말라! 감사!
8. 진보형
야호, 신 난다!
기다려, 나도 간다!
9. 쾌락형
인생은 즐기는 거야! ㅎㅎ
오늘만 재밌게 놀자! 좋아!
10. 이기형
내가 꼭 성공해서 저런
집에 살 거야!
그래, 널 보면 믿을 수
있어! ㅎㅎ
11. 신분형
난 나아지기 힘들어….
쉬고 싶어! 흑
열심히 하겠다더니
또 늘어지니….
12. 재물형
아무것도 아냐, 너네들 먼저
가 있어
저거, 나 혼자 챙겨야지

13. 도덕형
남들 눈도 있는데, 이제 가자!
아니, 니가 재밌게 놀자고 와서
금방 가니?
14. 명분형
그래도 우리에겐 그럴 듯한
명분이 필요해요.
그렇게 명분만 내세우면
이익을 어떻게 해요?
15. 권리형
왜 머뭇거리냐고?
나에게 맞춰주지 않아서야!
세상이 그러려니 해야지, 그렇게
강하게 주장해야 하나….

무의식 성향에 따른 육친별 가족 인연

분류	여성	남성
안정형	부모, 부모형제, 사위, 친손주	부모, 부모형제, 외손주
의리형	친정, 형제, 사촌, 동서, 남편의 여자, 친구, 동료, 선후배	형제, 사촌, 며느리, 친구, 아내의 남자, 동료, 선후배
모험형	자식, 조카, 아랫사람, 제자	장인장모, 사위, 친손주, 부하, 제자
현실형	시부모, 외손주, 이성친구	아내, 아내의 형제, 이성친구
권위형	남편, 남편의 형제, 며느리, 형부, 제부, 애인, 직장 상사	자식, 조카, 직장 상사
이타형	친정 식구	부모형제
진보형	친정 식구와 자식	장인 장모와 동서
쾌락형	자식과 시부모	처가 식구와 아내
이기형	시댁 식구와 남편	처자식
보수형	친정 부모와 남편	부모와 자식
명분형	부모와 자식	친가와 처가
권리형	남편과 자식	처가와 자식
신분형	남편과 형제	형제와 자식
재물형	시댁과 친정	아내와 형제
도덕형	시부모와 부모	부모와 아내

K-심리학의 꿈 성향

꿈이란 '실현시키고 싶은 희망이나 이상'이란 뜻으로, 사람으로 태어나면 누구나 꿈을 꾸게 된다. 사람으로 태어나는 순간, 각자에게 알맞은 삶의 목적이 주어진다. 꿈을 갖고 있기에 사람은 삶의 고달픈 여정에서도 포기하지 않고 꿋꿋이 살아갈 수 있는 것 같다. 그렇다면 개인마다 갖고 있는 꿈의 성향은 어떻게 형성되는 것일까? 필자의 이론에 따르면 태어나는 순간, 각자 받아들인 우주 오행 기운들의 상호작용 과정을 거쳐, 맨 마지막 단계에 남은 중요한 오행 중 하나가 바로 꿈인 것이다.

그런데 대다수의 사람들은 꿈을 자신이 살려는 의식 성향과 혼동하기도 한다. 필자가 내담자에게 단도직입적으로 꿈이 무엇인지 물으면, 대다수의 내담자들은 자신이 살고 싶은 삶(의식 성향의 삶)을 말하는 경우가 많다. 그러나 내담자에게 현실에서 살고 싶은 삶을 만족스럽게 산 다음, 세상을 떠나기 전에 마지막으로 하고 싶은 것이 무엇인지 물으면, 그제서야 자신의 꿈이 무엇인지 정확하게 밝힌다. 꿈의 종류는 권위형, 도전형, 리더형, 협동형, 자유형, 안락형, 고상형, 감성형, 낭만형, 이상형 등 10가지 종류가 있다.

한 가지 팁을 제공하면, 필자는 꿈을 산소(공기)와 같다고 주장한다. 산소의 고마움을 평소엔 잘 느끼지 못 하지만 불이 나거나 산소가 부족한 상황에서는 산소의 소중함을 매우 간절하게 느낀다. 꿈도 이와 같은 이치로 우리에게 다가온다. 대운의 흐름이 평생 1~2등으로 완만하게 흐르면 굴곡이 심하지 않은 인생 탓에 꿈에 대한 기대 내지 희망을 크게 품지 않는다. 그러나 대운의 흐름이 1~2등으로 흐르다가 3~4등으로 내려가는 인생의 소유자는 굴곡이 있는 삶 탓에 꿈에 대한 기대나 희망이 한층 강해진다. 그것은 타고난 의식 성향의 삶이 이뤄지지 않은 탓에 꿈에 대한 바람은 오히려 한층 강해졌기 때문이다. 그래서 꿈의 성향대로의 삶을 현실에서 살 수도 있다. 임상에서 얻은 결과는 의식이 바라는 삶이 이뤄지지 않을 땐, 꿈이 바라는 삶을 현실의 3분의 1정도 나타나게 해서 자신의 삶을 포기하지 않도록 만들었다. 그래서 최악의 운에 있더라도 사람은 살아갈 수 있도록 신이 만든 것이다. 그러나 항상 3분의 1정도만 이뤄지기에 역시 안타까운 것은 어쩔 수 없다. 즉 만족은 없다는 점이다.

〈꿈 성향 도표〉

<table>
<tr><th>의식 성향</th><th>꿈 성향</th><th>프로그램 표시</th><th>성향</th></tr>
<tr><td>진보주의</td><td>안락형</td><td rowspan="2">평온</td><td>욕심 내지 않고 서로 이해·배려하며 조용하고 평온하게 사는 삶</td></tr>
<tr><td>성공주의</td><td>고상형</td><td>스스로 자제·절제하면서 인품과 품위가 서고 고상하게 사는 삶</td></tr>
<tr><td>보수주의</td><td>감성형</td><td rowspan="2">낭만</td><td>남보다 높은 명예나 위치에서 감상적이고 화려하게 사는 삶</td></tr>
<tr><td>진보주의</td><td>낭만형</td><td>자기만의 개성과 색깔을 살려 풍요로움과 낭만을 느끼며 사는 삶</td></tr>
<tr><td>실용주의</td><td>이상형</td><td rowspan="2">무욕</td><td>누구에게도 구속·간섭받지 않으면서 나그네·자연인처럼 사는 삶</td></tr>
<tr><td>보수주의</td><td>협동형</td><td>남에게 인정과 존경을 받으면서 무리를 이끌고 함께 사는 삶</td></tr>
<tr><td>실용주의</td><td>권위형</td><td rowspan="2">권위</td><td>물질적 풍요로움을 이루고 체계를 세워 무리를 지배·통솔하는 삶</td></tr>
<tr><td>박애주의</td><td>리더형</td><td>지적으로 우월함을 인정받은 후에 책임감 있게 무리를 이끄는 삶</td></tr>
<tr><td>박애주의</td><td>자유형</td><td rowspan="2">평등</td><td>싸가지·의리 있게 살면서 하고 싶은 것을 만끽하며 자유롭게 사는 삶</td></tr>
<tr><td>성공주의</td><td>도전형</td><td>멋진 이성들의 인기·이목을 받으며 본능과 끼를 부리며 사는 삶</td></tr>
</table>

의식의 전환은 심리주기(대운)가 결정한다

대운은 1등, 2등, 3등, 4등으로 나눈다. 대체적으로 한 순위가 세 번의 대운까지 영향을 미친다. 한 번의 대운은 10년씩 관장하므로 대략 한 순위가 30년까지 영향을 준다. 대운의 영향은 우리의 삶에 지대한 영향을 미친다. 가장 큰 영향을 미치는 것은 의식의 전환이다. 타고난 의식의 영향을 받을지, 전환된 의식의 영향을 받을지를 결정하는 것이 바로 대운이기 때문이다.

타고난 의식의 영향을 받아야 하는 순위는 1등에서 2등까지며, 3등에서 4등의 운은 전환된 의식의 영향을 받는 것이다. 그래서 1등에서 2등으로의 흐름이나, 3등에서 4등으로의 흐름은 의식의 전환이 이뤄지지 않고, 1, 2등에서 3, 4등으로, 또는 3, 4등에서 1, 2등으로의 흐름이어야만 의식의 전환이 이뤄지는 것이다. 1, 2등으로 흐를 때는 타고난 의식의 영향을 받고, 3, 4등으로의 흐름일 때는 전환된 의식의 영향을 받는다. 따라서 타고난 의식에서 전환된 의식으로, 또는 전환된 의식에서 타고난 의식으로 바뀔 때가 삶의 변화가 많은 것이다.

그리고 첫 번째 대운은 1세부터 10세, 두 번째 대운은 11세부터 20세, 세 번째 대운은 21세부터 31세, 네 번째 대운은 31세부터 40세, 다섯 번째 대운은 41세부터 50세, 여섯 번째 대운은 51세부터 60세, 일곱 번째 대운은 61세부터 70세, 여덟 번째 대운은 71세부터 80세까지 생각하면 된다.

초반 전환된 의식의 영향(3, 4등)을 받다가 중반 이후 타고난 의식의 영향(1,2등)을 받는 경우(대운 그래프 참조)

사람이 태어나면 어릴 적은 부모의 보호 아래 성장하고, 성인이 되면 자립하고, 배우자를 만나 가정을 이루고, 자식을 낳아 성장시켜 자식을 독립시키고, 서서히 생을 마칠 준비를 하는 방향으로 나아간다. 사람이면 누구나 이런 삶의 방식으로 살아갈 것이다. 이 와중에 운이 급격하게 상승한다는 것은, 의식의 변화가 급하게 이뤄진다는 거다. 초반 대운이 3, 4등이라서 전환된 의식의 영향을 받고 살다가, 중반 이후 대운이 1, 2등으로 흘러 타고난 의식의 영향을 받으며 살기 시작한다는 의미다. 그렇다면 어느 시기에 자신이 타고난 의식의 영향을 받는 것이 가장 만족스러운 삶인지 알아보자. 필자가 수많은 임상데이터를 통해 확인한 결과, 30대와 40대에 변화가 오는 운명의 소유자들이 생을 마칠 때까지 가장 만족스럽게 살아감을 알았다. 다시 말하면 사회생활을 어느 정도 경험한 다음 의식의 변화가 이뤄져야 바뀐 생활을 끝까지 유지할 수 있어서다. 그런데 요즘처럼 장수하는 시대에는 50대에 의식의 변화가 이뤄져도 바뀐 생활에 적응하는 운명의 소유자들도 있다. 모두 다 그런 것은 아니지만, 무의식 성향에 따라 변화가 적응하는 운명의 소유자가 분명 존재한다는 거다.

운이 급격하게 상승한다는 것은, 어릴 적부터 3등이나 4등의 운에 머물러 있다가, 사회활동을 한창 할 시기에 1등이나 2등의 운 순위로 맞이하는 경우다. 아래 도표를 참고하라.

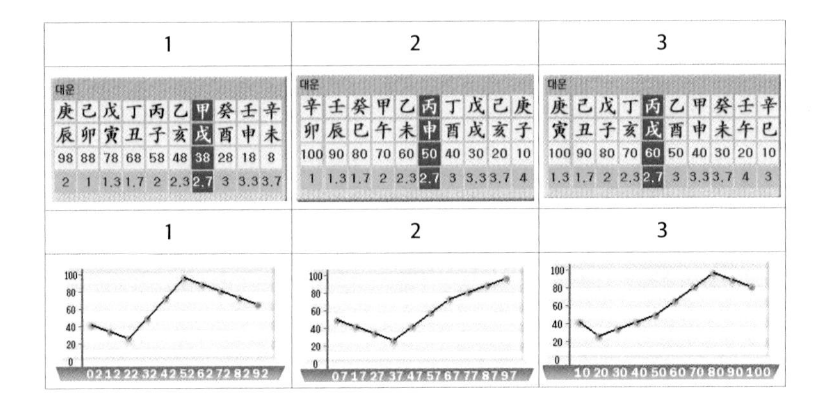

1

대운									
庚	己	戊	丁	丙	乙	甲	癸	壬	辛
辰	卯	寅	丑	子	亥	戌	酉	申	未
98	88	78	68	58	48	38	28	18	8
2	1	1.3	1.7	2	2.3	2.7	3	3.3	3.7

2

대운									
辛	壬	癸	甲	乙	丙	丁	戊	己	庚
卯	辰	巳	午	未	申	酉	戌	亥	子
100	90	80	70	60	50	40	30	20	10
1	1.3	1.7	2	2.3	2.7	3	3.3	3.7	4

3

대운									
庚	己	戊	丁	丙	乙	甲	癸	壬	辛
寅	丑	子	亥	戌	酉	申	未	午	巳
100	90	80	70	60	50	40	30	20	10
1.3	1.7	2	2.3	2.7	3	3.3	3.7	4	3

1. 대운 네 번째까지는 3~4등이었다가 다섯 번째부터 1~2등
2. 대운 다섯 번째까지는 3~4등이었다가 여섯 번째부터 1~2등
3. 대운 여섯 번째까지는 3~4등이었다가 일곱 번째부터 1~2등

급격하게 운이 바뀌는 경우는 이렇게 세 종류다. 이 중에 지구촌의 생활에 가장 잘 어울리는 운의 흐름은 1번이다. 이런 운 흐름의 소유자는 대학을 졸업하고 사회초년생 시절까지는 전환된 의식의 영향(3, 4등)을 받고 생활하다가, 30대가 되면서부터 타고난 의식의 영향(1, 2등)을 받게 된다. 이렇게 되면 30대가 되기 전까지는 전환된 의식의 영향을 받으므로 만족스러운 생활을 할 수가 없다. 그래서 남 보기와는 다르게 자신은 불편하고, 부담을 느끼고, 사회생활이 맞지 않고, 적성과는 다르고, 힘들고 몸 아프고, 구박받고, 어썰 수 없이 해야 하는 등의 심적 압박감 또는 육체적 압박감을 받게 된다. 그러다가 30대가 넘으면서부터는 졸지에 자신이 원하는 방향으로의

생활이 이뤄지면서 이직하고, 이전하고, 독립하고, 아이템을 개발해 창업하고, 사업하고, 유학 가고, 프리랜서가 되고, 투자가를 만나고, 스카우트 제의도 받는 등의 만족스러운 사회활동을 하게 된다. 또한 자신의 책임 아래 가정을 막 꾸리기 시작했거나 꾸리고자 할 때의 변화라서 부담도 크지 않을 때이다. 더구나 사회에 첫 발을 내딛을 때부터 원하지 않았던 사회활동으로 쓴맛(어렵고 힘든 삶)을 봤기에, 30대에 다가온 달콤한 사회생활이나 활동을 오래도록 유지하고자 애쓰게 된다.

2번 소유자처럼 40대에 운이 상승하는 소유자는, 1번 소유자보다는 변화된 사회생활이나 자신의 삶에 대해 100% 만족을 하지 않을 가능성도 있다. 왜냐하면 1번 소유자보다 10년 정도 늦게 오는 변화이기 때문이다. 40대 전까지는 만족스럽지 않았지만, 몸에 익숙해진 사회적 생활이나 활동에 갑작스러운 변화를 주기가 쉽지 않아서다. 이미 자신이 책임져야 할 배우자와 자식 그리고 사회적 위치도 있기 때문이다. 그래서 1번 소유자처럼 가벼운 마음으로 변화하기는 쉽지 않더라도, 2번 소유자도 틀림없이 홀가분하고 만족스러운 그 무엇인가는 느낄 것이다. 전환된 의식의 영향을 받아 만족스럽지 않은 생활을 하다가, 타고난 의식의 영향으로 만족스러운 생활을 하니 말이다. 또한 운이 바뀌었음에도 불구하고 40대 이전의 직종이나 직업 또는 업종에 종사하는 사람들도 있다. 설령 1번 소유자처럼 사회적 큰 성공이나 출세는 하지 않더라도, 2번 소유자들도 그에 못지않게 삶을 즐기고 재밌게 살아간다. 무의식 성향에 따라서는 큰돈을 벌거나 사회적 출세를 하는 소유자들도 있다.

3번 소유자는 50대에 의식의 변화가 오는 경우이다. 이럴 경우 과거엔 운이 급격하게 상승한다고 하지 않았다. 그런데 수명이 늘어났지만 일자리는 줄어들고, 조기퇴직·명예퇴직하거나, 청년실업이 늘고 임금이 삭감되면서 노인들도 일하지 않으면 안 되는 시기를 맞이했다. 그래서 3번의 경우도 운이 급격하게 상승하는 소유자로 넣었다. 그러나 50대에 삶의 변화가 오기는 쉽지 않은 일이다. 40대에 변화를 주는 것보다는 훨씬 더 많은 것을 신경 써야 하기 때문이다. 자녀문제, 건강문제, 재산문제, 배우자관계, 사회적 위치문제, 노후대비문제 등 이루 말할 수 없을 만큼 많다. 그래서 30대나 40대에 의식의 변화가 이뤄지는 것보다는 한층 더 조심스럽다. 그래도 무의식 성향이 과감하거나 적극적이거나 욕심이 대단한 성향을 지닌 운명의 소유자는 50대에도 의식의 변화가 이뤄진다.

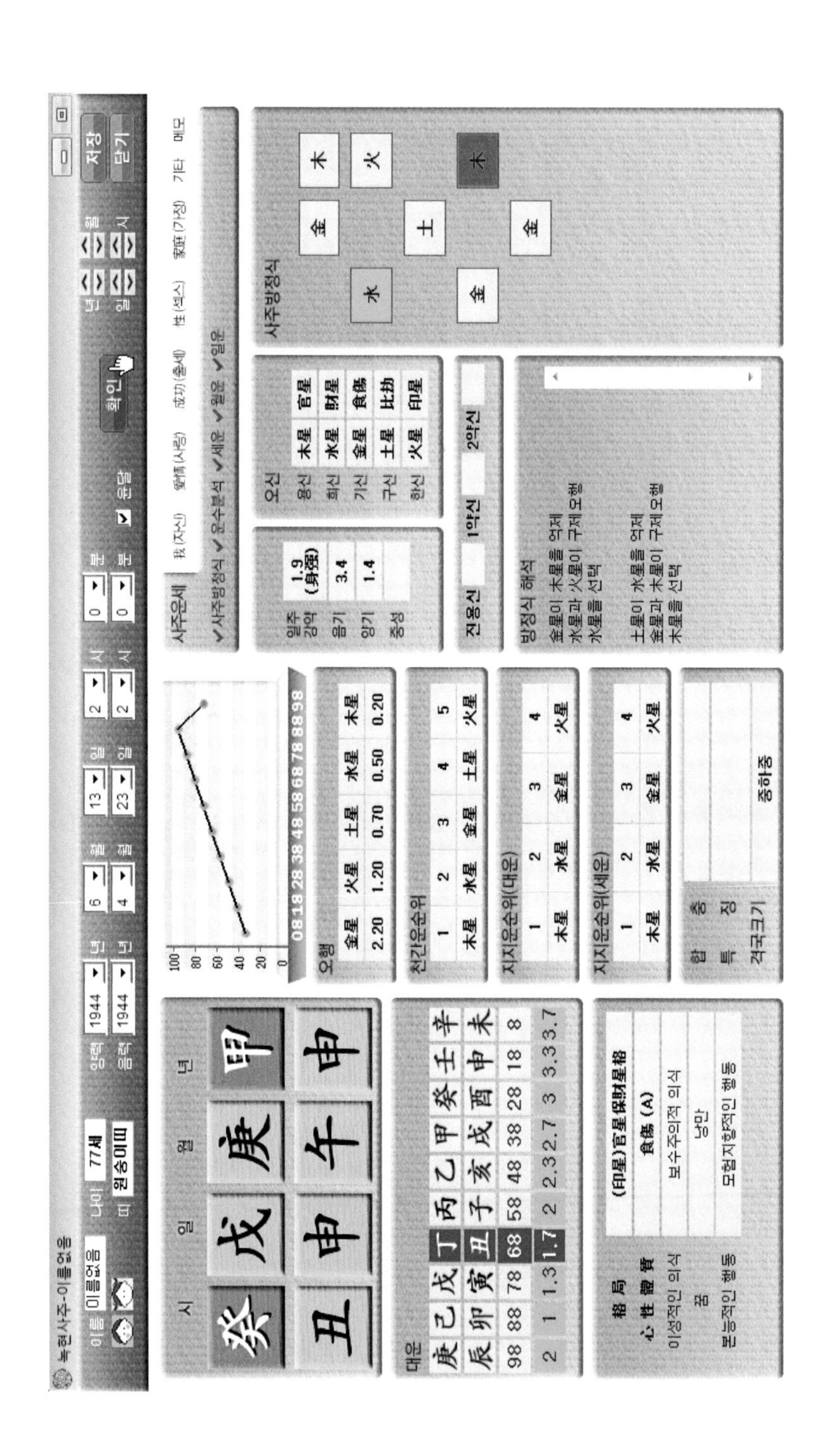

녹현사주-이름없음
이름 이름없음
나이 77세
띠 원숭이띠
양력 1944 년 6 월 13 일 2 시 0 분
음력 1944 년 4 월 23 일 2 시 0 분
윤달
확인
저장
닫기
시 일 월 년
癸 戊 庚 甲
丑 申 午 申
대운
庚 己 戊 丁 丙 乙 甲 癸 壬 辛
辰 卯 寅 丑 子 亥 戌 酉 申 未
98 88 78 68 58 48 38 28 18 8
2 1 1.3 1.7 2 2.3 2.7 3 3.3 3.7
格局 (印星)官星(保)財星格
心性體質 食傷 (A)
이성적인 의식 보수주의적 의식
꿈 낭만
본능적인 행동 모험지향적인 행동
오행
金星 火星 土星 水星 木星
2.20 1.20 0.70 0.50 0.20
천간운순위
1 2 3 4 5
木星 水星 金星 土星 火星
지지운순위(대운)
1 2 3 4
木星 水星 金星 火星
지지운순위(세운)
1 2 3 4
木星 水星 金星 火星
합 충 특 징
격국크기 중하층
사주운세
我(자신) 愛情(사랑) 成功(출세) 性(섹스) 家庭(가정) 기타 메모
사주방정식 운수분석 세운 월운 일운
일주강약 1.9 (身弱)
음기 3.4
양기 1.4
중성
오신
용신 木星 官星
희신 水星 財星
기신 金星 食傷
구신 土星 比劫
한신 火星 印星
진용신 1약신 2약신
방정식 해석
金星이 木星을 억제
水星과 火星이 구제 오행
水星을 선택
土星이 水星을 억제
金星과 木星이 구제 오행
木星을 선택
사주방정식
木 火 金 土 水 金 金 木

1번 케이스로 반기문 유엔 사무총장 명식이다.

의식 성향	무의식 성향
타고난 의식: 보수주의 ↕ 전환된 의식: 모험주의	모험형

대운의 흐름은 처음부터 네 번째까지 3~4등이었다가 다섯 번째 대운부터 1~2등으로 흐른다. 이렇게 되면 30세 전까지는 전환된 의식인 모험주의 의식의 영향을 받다가 30세 이후 타고난 의식인 보수주의 영향을 받는다.

그러나 사람을 평가할 때는 의식(생각=말로 표현)보다는 무의식(행동)을 보고 판단한다. 그래서 진보정권이라 불리는 노무현 정권에서는 진보적인 성향의 사람인 줄 알고 외무부장관에 앉혔고, 다시 UN 사무총장 자리까지 밀게 되었던 것이다. 그러나 타고난 의식 성향이 보수적인 생각을 가지고 있었던 사람이라, 언론에서는 '반기문 외무부장관이 노무현 대통령을 진정한 대한민국의 대통령으로 여기지 않았다'라는 기사도 있었고, '실제 미국 당시의 국무장관인 콘돌리자 라이스 장관과 나눈 정보를 진보적 대통령인 노무현에게 보고하지 않았으며, 북한·한반도 문제에 대해서도 통일부와 갈등을 일으키기도 했다'라고 한다. 그런데 노무현 대통령은 그런 사람인 줄도 모르고 UN 사무총장 자리에 앉히고자 엄청난 노력을 했다고 한다. 사무총장이 된 뒤 고국을 방문했어도 노무현 대통령 빈소에는 방문하지 않았다고 한다.

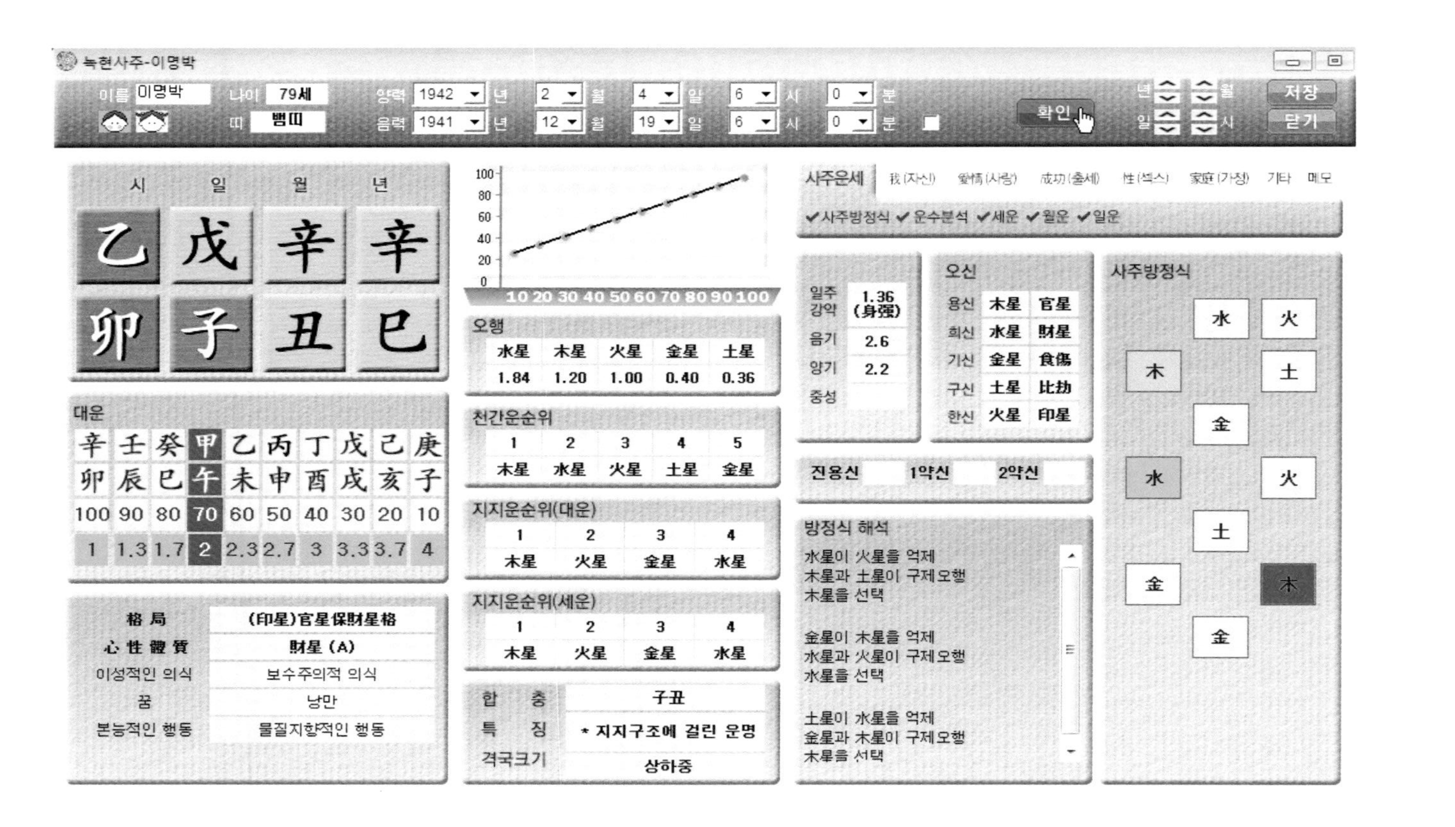

녹현사주-이명박
이름 이명박
나이 79세
띠 뱀띠
양력 1942 년 2 월 4 일 6 시 0 분
음력 1941 년 12 월 19 일 6 시 0 분
확인
년 월 일 시
저장
닫기
시 일 월 년
乙 戊 辛 辛
卯 子 丑 巳
대운
辛 壬 癸 甲 乙 丙 丁 戊 己 庚
卯 辰 巳 午 未 申 酉 戌 亥 子
100 90 80 70 60 50 40 30 20 10
1 1.3 1.7 2 2.3 2.7 3 3.3 3.7 4
格局 (印星)官星保財星格
心性體質 財星 (A)
이성적인 의식 보수주의적 의식
꿈 낭만
본능적인 행동 물질지향적인 행동
10 20 30 40 50 60 70 80 90 100
오행
水星 木星 火星 金星 土星
1.84 1.20 1.00 0.40 0.36
천간운순위
1 2 3 4 5
木星 水星 火星 土星 金星
지지운순위(대운)
1 2 3 4
木星 火星 金星 水星
지지운순위(세운)
1 2 3 4
木星 火星 金星 水星
합 충 子丑
특 징 * 지지구조에 걸린 운명
격국크기 상하중
사주운세 我(자신) 愛情(사랑) 成功(출세) 性(섹스) 家庭(가정) 기타 메모
✔사주방정식 ✔운수분석 ✔세운 ✔월운 ✔일운
일주강약 1.36 (身强)
음기 2.6
양기 2.2
중성
오신
용신 木星 官星
희신 水星 財星
기신 金星 食傷
구신 土星 比劫
한신 火星 印星
진용신 1약신 2약신
방정식 해석
水星이 火星을 억제
木星과 土星이 구제오행
木星을 선택
金星이 木星을 억제
水星과 火星이 구제오행
水星을 선택
土星이 水星을 억제
金星과 木星이 구제오행
木星을 선택
사주방정식
水 火 木 土 金 水 火 土 金 木 金

2번 케이스 속하는 이명박 전 대통령의 명식이다.

의식 성향	무의식 성향	꿈 성향
타고난 의식: 보수주의 ↕ 전환된 의식: 모험주의	현실형 (프로그램은 물질지향적인 행동으로 표시)	감성형 (프로그램에는 낭만형으로 표시)

처음부터 다섯 번째 대운까지는 3~4등의 운이었다가, 여섯 번째 대운부터 1~2등이므로 50세 전까지는 전환된 의식인 모험주의 영향을 받다가, 50세 이후부터 타고난 의식인 보수주의 영향을 받게 된다. 그런데 이명박 대통령의 명식이 특이한 점은 꿈 성향과 무의식 성향이 같은 육친으로 財星(재성…현실적, 물질적, 이기적)이란 점이다.

이명박 대통령의 사주로 경력을 나열하면 1965년 현대건설 입사, 1977~1988년 현대건설 대표이사장, 1981~1992년 대한수영연맹 회장, 1982~1987년 현대엔지니어링 대표이사장 겸임, 1982~1992년 대한올림픽위원회(KOC) 상임위원, 1984~1992년 아시아수영연맹 회장, 1984년 세계수영연맹 집행위원, 1985~1986년 한라건설 대표이사회장 겸임, 1986~1999년 주한부탄왕국 명예총영사, 1988~1992년 현대건설 대표이사회장, 1992~1995년 제14대 국회의원, 1996~1998년 제15대 국회의원, 2002~2006년 서울시 시장, 2007년 한나라당 대통령 후보 등 이루 헤아릴 수 없을 만큼 경제와 정치 분야를 총망라하고 있다.

운의 흐름을 살펴보면 네 번째 대운까지는 전환된 의식의 영향을 받았고, 다섯 번째 대운부터는 타고난 의식의 영향을 받아 삶의 굴곡이 발생한다. 대통령의 경력에서 보면 무엇인가 변화가 예상되는, 힘들고 괴로운 삶을 살았다는 증거를 찾아볼 수 없다. 굳이 변화를 찾자면 사회생활을 처음 시작한 분야는 경제 분야였다가 지금은 정치 분야로 끝을 맺고 현재는 재임 시의 잘못으로 감옥에 가 있다가 보석으로 풀려나 집안에 머물고 있다고 한다. 대운의 흐름이 좋은데도 옥고를 치뤘던 것은 무의식 성향과 꿈 성향이 財星으로 같아서다. 이렇게 되면 생각과 행동이 오로지 財星이 가르치는 삶밖에 모르게 된다. 財星이란 바로 '돈'인 것이다.

태어나서 네 번째 대운까지는 4등과 3등의 운이므로 전환된 의식인 모험주의 영향을 받는다. 그리고 행동은 항상 현실형의 모습만 나온다. 현실형이란 '세상에 태어난 이상 자신이 속한 곳에서 살아남기 위해서, 생활고를 해결하기 위해서, 물질적·금전적·경제적으로 이득이 되는, 세상 누구보다 자신이 소중하다는, 예술과 낭만이 살아 숨 쉬는' 모습이다. 거기에다가 꿈마저도 무의식 성향과 같으니 그러한 성향은 매우 강해진다. 대운의 순위와 관계없이 재성이 가리키는 방향만 바라보고 살게 된다. 그래서 보편타당함을 잃게 되거나, 상식선에서 벗어난 삶을 살게 되는 것이다. 즉 그런 삶을 위해 본의 아니게 무리를 하게 된다. 무리를 할 때 이미 보통 사람들의 상식선을 넘어섰기에 죄를 지게 된다. 그러다가 보통 사람이 되었을 때 즉, 힘이 사라졌을 때 그 죄의 대가를 받게 되는 것이다.

대통령의 어린 시절부터 50대가 되기 전까지는 3~4등의 시기로 전환된 의식인 모험주의 영향을 받았고, 무의식인 현실형의 모습이 강하게 드러났다. 그래서 현실적인 문제에 부딪혀 돈을 벌어들이지 않으면 안 되었던 시기로, 돈을 벌기 위해서 모든 노력을 쏟아 부었을 것이다. 그렇다면 어떻게 해야만 했을까? 그것은 간단하다. 인정사정 보지 말아야 하며 되도록 공적인 것만 강조하고, 이득이 된다면 물불을 가리지 않으며 수단방법도 가리지 않아야 한다. 남보다 더 있어 보여야 하므로 최고급이나 최신유행에 민감하게 되고, 화려하게 조명받고 싶어 가장 우아하고 멋진 분위기를 좋아하며, 감정을 숨기지 않기에 직설적인 화법을 좋아하고, 남보다 튀려는 언행을 해서라도 모든 시선이 자신에게 집중되길 바라게 된다. 특히 인간적인 정과 순진무구함을 저버린 결과로 옛 지인들로부터 도움을 받지 못하고 과거의 잘못들을 지인들이 모두 밝히는 바람에 늙어서도 현재 자유롭지 못한 삶을 살고 있는 것이다. 그리고 과거에도 감방은 가지 않았지만, 법을 어기는 바람에 전과 14범 또는 24범이라고 하지 않던가.

그런데 어느 날 갑자기 경제에서 손을 떼고 정치로의 선언은 현대 왕 회장의 변신 때문이었을까, 아니면 심경의 변화로 인한 것이었을까. 1992년 52세가 되는 시기로 여섯 번째 대운부터 1~2등으로 흘러 타고난 의식인 보수주의의 영향을 받기 시작한 것이다. 그렇다면 보수주의적인 생각은 어떤 삶이길래 잘 나가던 경제 분야에서 손을 떼고 정치 분야로 진출하게 되었을까. 한마디로 말해, '남에게 무엇인가 인정받고 싶은, 명분과 명예를 중요시하는, 가문의 영광을 위한, 전통과 예의를 받드는, 신분이 상승되는, 지도자의 위치에 서고 싶은, 안정적인 이미지와 모범적인 삶을 보여 주고픈' 보수적인 성향의 삶의 방식을 선호하는 생각이다.

전환된 의식인 모험주의적인 생각과는 분명히 차원이 다른 생각인 것이다. 금전적으로 성공하겠다는 것이 아니라 예전의 양반처럼 명분과 명예 그리고 체면과 신용을 무엇보다 중시 여기는 삶의 방식으로, 우리나라의 여건에서는 어떤 삶을 선택해야 최선의 삶인지 답은 이미 나와 있다. 이명박이 평생 모셨던 분(왕 회장)은 정치계에 입문하면서 집권여당(보수적인 정당)으로 들어가지 않고 당을 새로 만들었다. 새로 만든 당은 개혁적이거나 진보적인 당이 아니라, 보수적인 색채가 강한 당이었으나 그럼에도 불구하고 이명박 전 대통령은 평생 같이했던 왕 회장이 만든 당을 선택하지 않았다. 당시의 집권당이면서 보수정당인 여당에 들어갔다. 이러한 까닭은 자신의 계산하에 빠르게 출세할 수 있는 정당을 찾은 것이라 할 수 있다.

대운의 향방이 급격하게 변하면서 삶의 방식에도 커다란 변화가 온 것이다. 경제 분야에서 정치 분야로 말을 바꿔 탄 것이 사소한 변화일까 생각할 수도 있지만 실질적으로는 그렇지 않다. 인생의 흐름이 뒤바뀌는 일생일대의 사건이라 하지 않을 수 없다.

외부의 시각으로 보기에는 그 나물에 그 밥이라고 생각할지 모르지만 이명박 대통령에게는 자신의 생각이 바뀌는 바람에 전혀 생소한 길을 택한 것이다. 그것도 다 대운의 영향 탓이지만 말이다. 결국 정계에 진출하여 서울시장까지 역임하였고, 2007년 대선에서는 당당히 승리하여 대통령으로 당선되었다.

무의식 성향과 꿈 성향이 같은 성향이라서 어느 대통령보다도 현실적이면서 실물경제에 밝아 대통령이 되면 나라의 경제 사정이 나아질 것이라는 믿음을 주었지만, 결과적으로는 국민들의 세금으로 자신의 배만 채우는 꼴이 되어버렸다.

현재 유행어처럼 되어버린 '다스는 누구 겁니까?'의 이슈 주인공인 이명박 전 대통령의 명식을 세부적으로 살펴보겠다. 우선 남과 다른 점은 사주상 수치가 강한 수성이 길신이 되었고, 심성체질이 되었다는 점이다. 이렇게 되면 본능적인 행동이나 꿈이 같아진다. 즉 수성 재성에게로 모든 것이 쏠린다. 재성은 돈이다. 따라서 오로지 돈이 전부라는 것이다.

재성(돈)만 밝힌다는 것은 인성(명분, 이미지, 덕)과 비견(인간애, 나눔, 배려, 공감)을 개무시한다는 것이다. 이렇게 되면 한마디로 싸가지 없는, 돈만 밝히는, 자신의 가족만 아는, 오로지 자신의 즐거움만을 위해 사는 삶을 살아간다. 남의 입장에서 바라보지 못하고 모든 것들을 자신의 입장에서만 바라보기에 자신의 흉이 무엇인지 전혀 깨닫지 못하고 만다.

거기에다가 2016년부터 돈 때문에 개망신, 이미지 실추, 문서상 불이익, 신용하락 등의 일들을 당하게 되어 있다. 2018년과 2019년이 가장 극에 달한다.

이렇게 한 가지만 알고 사는 사람들은 운 흐름과 관계없이 반드시 욕을 먹게 되어 있다. 과연 이명박 전 대통령에게는 어떤 흉한 일이 일어났을까?

아래의 글은 17대 대선을 앞둔 2007년 11월 27일 필자의 홈페이지인 사주타임에 작성한 내용(17대 대선일 2007년 12월 19일)이다.

필자가 문제를 제기한 것은 과거의 행적들이 어째서 가능했으며

BBK 의혹이 진실인가 아닌가와 설령 이명박 씨에게 불리하게 해결이 되더라도 어떤 태도를 취할 것인가 그것을 사주상으로 밝혀보자는 의미에서였다.

그런데 의견을 올린 세 분의 추론! 더도 덜도 아닌 있는 그대로다. 재성체질에 관성보재성격. 50세부터 상승하는 운! 녹현이론만 가지고 이렇게 추론할 수 있다는, 아니 이명박 씨 과거의 마음과 지금의 마음 그리고 미래의 마음까지 헤아리는 안목! 정말 놀랐다.

한 가지만 더 언급한다면 꿈은 희신인 재성! 체질도 재성! 운이 좋지 않을 때 희신에 대한 집착이 더욱 심해진다는, 그런데 체질(행동)도 재성이니 무엇을 하든지 꿈이 이루어진 양, 신나고 재미도 있고 금전도 쌓이고, 마치 물 만난 고기라고나 할까. 아마 돈이 한푼 두푼 쌓여가는 것을 보고 마냥 행복했을 것이다.

그래서 이런 말도 하지 않았는가? "내가 정치를 할 줄은 꿈에도 생각하지 않았다"라고 말이다. 아마 훗날 정치에 입문하려고 생각했다면 꿈이 이뤄진다고 착각을 할지언정 지금의 이명박 씨처럼 아주 철저하게 재산을 모으진 않았을 것이다.

따라서 재성체질의 행동과 재성에 대한 꿈을 이루겠다는 방향으로 나아가 인성과 비겁의 성향(박애주의, 휴머니스트, 정신적으로 성숙된 삶, 인간다운 정과 순수성, 배려와 이해)이 전부 사라진 삶을 살아온 것이다. 그런 삶의 시간이 50세가 가까워지는 시기까지 이어져 왔다. 세 살 버릇 여든까지 간다고 하지 않았던가? 더구나 정치로의 길도 막히자 예전의 버릇이 다시 나왔다고 할 수 있겠다.

그러니까 대운이 격국이 원하는 삶으로 가는 시점인데도 BBK 사건을 일으킨 것을 봐라. 앞으로도 마찬가지일 것이다. 어떤 결과가 나와도 밀어붙일 것이다. 검찰에서 초강수를 던지지 않는 한, 범여권이 하나가 되지 않는 한, 대통령에 당선될 것이다. 가장 중요한 점은 검찰이 누구의 눈치를 보는가이다. 현 정권일까, 다음 정권일까? 판세를 보면서 선택을 하겠지만 말이다.

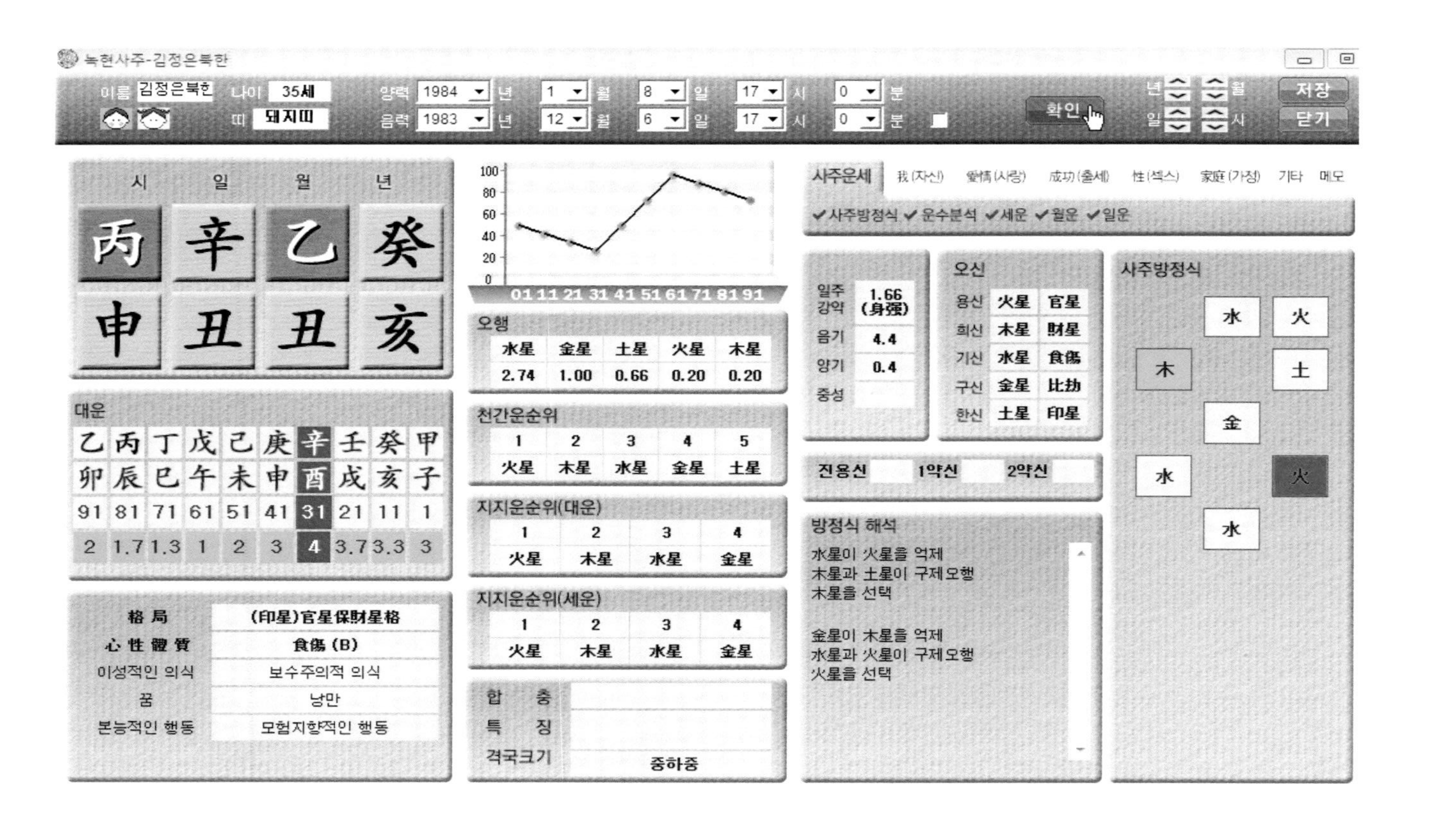

녹현사주-김정은북한
이름 김정은북한 나이 35세 띠 돼지띠
양력 1984 년 1 월 8 일 17 시 0 분
음력 1983 년 12 월 6 일 17 시 0 분
확인
년 월 일 시
저장
닫기
시 일 월 년
丙 辛 乙 癸
申 丑 丑 亥
100 80 60 40 20 0
01 11 21 31 41 51 61 71 81 91
대운
乙 丙 丁 戊 己 庚 辛 壬 癸 甲
卯 辰 巳 午 未 申 酉 戌 亥 子
91 81 71 61 51 41 31 21 11 1
2 1.7 1.3 1 2 3 4 3.7 3.3 3
格局 (印星)官星保財星格
心性體質 食傷 (B)
이성적인 의식 보수주의적 의식
꿈 낭만
본능적인 행동 모험지향적인 행동
오행
水星 金星 土星 火星 木星
2.74 1.00 0.66 0.20 0.20
천간운순위
1 2 3 4 5
火星 木星 水星 金星 土星
지지운순위(대운)
1 2 3 4
火星 木星 水星 金星
지지운순위(세운)
1 2 3 4
火星 木星 水星 金星
합 충
특 징
격국크기 중하중
사주운세 我(자신) 愛情(사랑) 成功(출세) 性(섹스) 家庭(가정) 기타 메모
✔사주방정식 ✔운수분석 ✔세운 ✔월운 ✔일운
일주강약 1.66 (身强)
음기 4.4
양기 0.4
중성
오신
용신 火星 官星
희신 木星 財星
기신 水星 食傷
구신 金星 比劫
한신 土星 印星
진용신 1약신 2약신
방정식 해석
水星이 火星을 억제
木星과 土星이 구제오행
木星을 선택
金星이 木星을 억제
水星과 火星이 구제오행
火星을 선택
사주방정식
水 火
木 土
金
水 火
水

2번 케이스에 해당하는 북한 김정은 국무위원장의 명식이다.

의식 성향	무의식 성향
타고난 의식: 보수주의 ↕ 전환된 의식: 모험주의	모험형

2017년 가을, 북한 김정은이 전쟁을 일으킬 가능성이 무진장 높았다고 한다. 그래서 필자도 김정은의 사주를 추론하고 주변 사람들에게 식량과 물을 준비하라고 권했고, 필자 역시 물과 건빵 등을 준비했었다. 이후 2018년을 맞이했고, 예상대로 김정은은 변해갔다. 어느 누구도 예상하지 못했을 만큼 빠르게 말이다.

김정은 명식을 보고 또 보았다. 왜 이렇게 일찍 바뀐 것일까 라고 말이다. 물론 핵무장을 한 것도 있지만, 미국의 트럼프 대통령의 역할이 크게 한몫을 한 것이었다. 북한에 대해 누구도 하지 못했던 강력한 압박을 한 것이 김정은으로 하여금 문을 열지 않으면 안 되는 상황까지 이끈 것이다. 물론 문재인 대통령의 독일 발언도 한몫한 것은 틀림없지만 말이다. 그러나 역시 가장 큰 계기는 김정은 의식의 변화가 오기 시작한 것이라 할 수 있다.

김정은의 무의식 성향은 모험형이다. 모험형의 성향은 개방과 개혁이다. 아마 김정은은 북한이라는 나라를 자신의 뜻대로 이끌고자 했을 것이다. 그런데 트럼프가 딴지를 거니까 고민 끝에 비핵화와 남북교류를 택한 것이 아닌가 싶다. 그러나 미국만 믿기가 어렵자, 중국, 러시아, 일본까지 끌어들이려고 하고 있는 것이다. 한국이야 당사자니까 당연히 포함된다.

그래서 제일 먼저 남북정상회담을 하자, 회담에서 통 큰 협상이 나온 것이라 예상한다. 어차피 개방과 개혁을 할 생각이라서…. 그래서 이산가족 상시 상봉, 사무소 설치, 종전선언, 한반도 비핵화 선언, 개성공단 재가동, 금강산 관광, 철도 개방 등 매우 파격적인 얘기들이 나올 것이다.

문재인 대통령이야말로 하고자 하는 것마다 야당이 발목을 잡으니 큰 틀에서 정치를 하려고 할 것이다. 그래서 김정은이 원하는 모든 것을 받아줄 것이며, 미국과 북한, 일본과 북한과의 접촉에 적극적으로 도움을 줄 것이다. 그래서 야당이 꼼짝을 못하도록 수준이 매우 높은 정치를 할 것이다. 받아들이지 않으면 야당이 존재할 수가 없는 상황까지 만들 것이다. 왜? 촛불국민들이 있기 때문이다. 또 우리의 소원인 한반도 통일의 시대가 오기 때문이기도 하다.

주변국들이 가장 싫어하는 한반도 통일! 이 시대를 문재인 대통령과 김정은 위원장이 이뤄낼 것이라 예상한다. 참고로 문재인 대통령은 의식의 전환이 거의 없는 경우에 속하는 명식을 지녔다. (이 글은 남북정상회담을 하기 전에 쓴 글이다.)

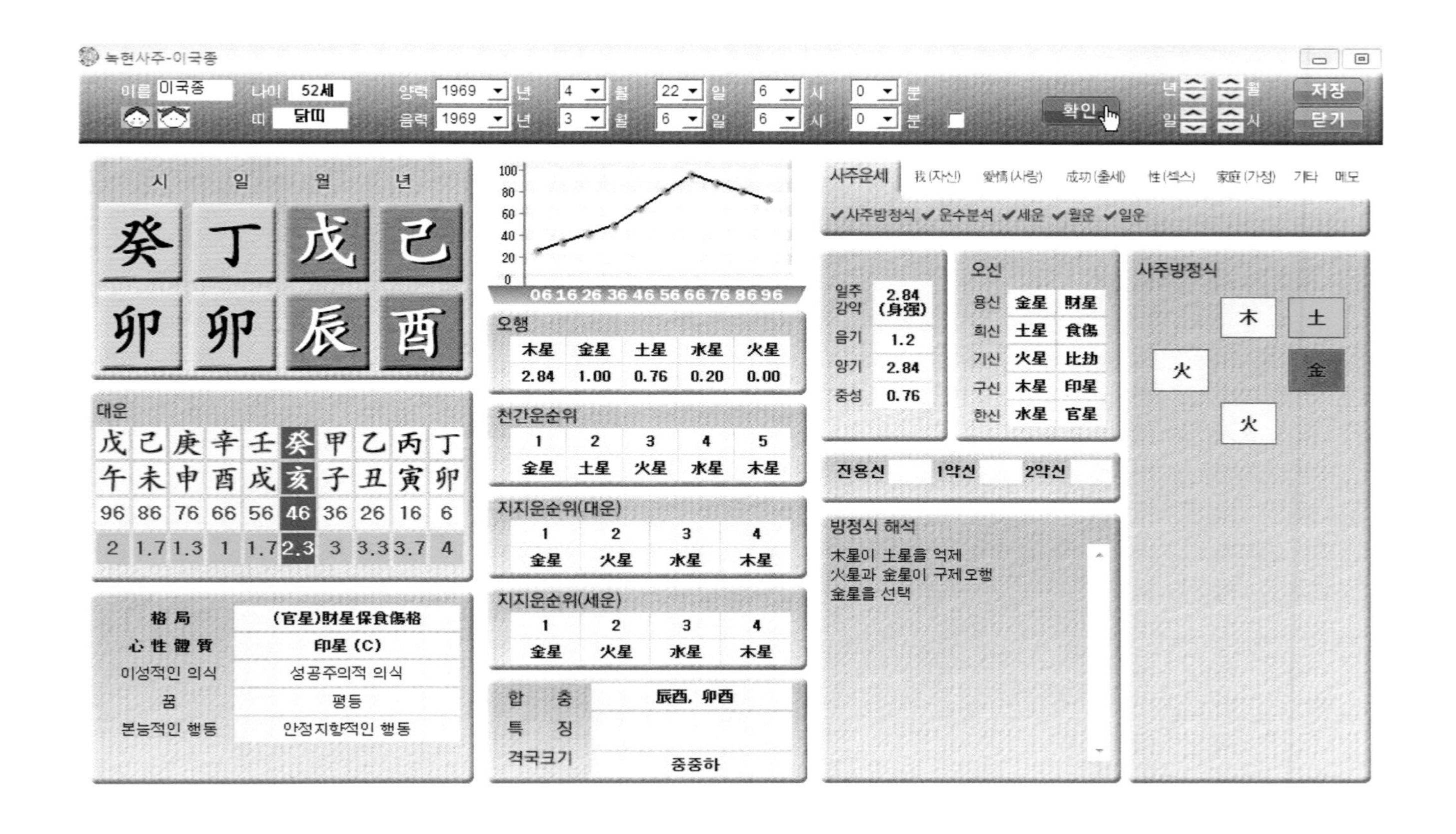

녹현사주-이국종
이름 이국종
나이 52세
띠 닭띠
양력 1969 년 4 월 22 일 6 시 0 분
음력 1969 년 3 월 6 일 6 시 0 분
확인
년 월 일 시
저장
닫기
시 일 월 년
癸 丁 戊 己
卯 卯 辰 酉
100 80 60 40 20 0
06 16 26 36 46 56 66 76 86 96
오행
木星 金星 土星 水星 火星
2.84 1.00 0.76 0.20 0.00
대운
戊 己 庚 辛 壬 癸 甲 乙 丙 丁
午 未 申 酉 戌 亥 子 丑 寅 卯
96 86 76 66 56 46 36 26 16 6
2 1.7 1.3 1 1.7 2.3 3 3.3 3.7 4
천간운순위
1 2 3 4 5
金星 土星 火星 水星 木星
지지운순위(대운)
1 2 3 4
金星 火星 水星 木星
지지운순위(세운)
1 2 3 4
金星 火星 水星 木星
格局 (官星)財星保食傷格
心性體質 印星 (C)
이성적인 의식 성공주의적 의식
꿈 평등
본능적인 행동 안정지향적인 행동
합 충 辰酉, 卯酉
특 징
격국크기 중중하
사주운세 我(자신) 愛情(사랑) 成功(출세) 性(섹스) 家庭(가정) 기타 메모
✔사주방정식 ✔운수분석 ✔세운 ✔월운 ✔일운
일주강약 2.84 (身强)
음기 1.2
양기 2.84
중성 0.76
오신
용신 金星 財星
희신 土星 食傷
기신 火星 比劫
구신 木星 印星
한신 水星 官星
진용신 1약신 2약신
방정식 해석
木星이 土星을 억제
火星과 金星이 구제오행
金星을 선택
사주방정식
木 土
火 金
火

2번 케이스에 속하는 이국종 외과의사의 명식이다.

의식 성향	무의식 성향
타고난 의식: 성공주의 ↕ 전환된 의식: 이상주의	안정형

대한민국의 의사로서 중증 외상 분야의 외과 전문의로 2018년 이후 대한민국에서 가장 유명한 국가대표 의사가 된 이국종 박사의 명식이다. 그는 정부기관 및 군 기관과도 밀접한 관계를 맺고 있으며, 대한민국 응급 의료 시스템에 대한 문제 제기, 그리고 의료 체계 구축에 대한 열정으로 현재 의료 시스템의 현실을 알릴 수 있는 곳이 있다면 인터뷰나 방송 출연을 마다하지 않는 편이다. 하지만, 병원 운영자와의 갈등으로 경기 남부권역 외상센터장 자리에서 물러났다고 한다. 의사로서 전 국민의 관심을 받은 이국종 박사의 운명을 살펴봤다.

의식 성향	무의식 성향	꿈 성향
타고난 의식: 모범형의 성공주의 ↕ 전환된 의식: 이상주의	안정형	모험형

이국종 박사의 사주는 대운의 변화가 크다. 운의 변화가 크다는 것은 의식의 전환이 크게 이뤄진다는 뜻이다. 다섯 번째 대운부터 변화가 있으니까 그 시기는 대략 40세 전후에 이뤄진다. 40세 전까

지는 전환된 의식인 이상주의(세속적인 것에 마음을 두지 않는, 참인간다운, 대화가 통하는, 사람을 사랑하는, 부귀영화를 멀리 하는) 의식의 영향을 받다가, 40세 이후부터는 타고난 의식인 성공주의(남들보다 좀 더 나은 삶을 위해 노력하는, 처자식을 위해 부귀를 좇는, 남들이 알아주는 자리에 있고 싶은) 의식의 영향을 받게 된다.

그리고 행동은 항상 무의식인 안정형(남의 이목을 중시하는, 의무와 도리를 다하는, 윤리도덕을 중시하는, 가진 것이 없어도 가진 척하려는, 지적인 호기심을 채우려는, 감정을 자제하려는, 이미지 관리를 중시하는)의 모습을 보인다.

늘 같은 안정형의 모습이지만, 이상주의 의식의 영향을 받을 때하고 성공주의 의식의 영향을 받을 때하고는 삶이 많이 다르다. 그래서 이국종 박사는 2007년(40세)까지는 열심히 공부만 하다가, 2011년(44세)부터 아주대학교병원 외상외과장 신분으로 아덴만 여명 작전에서 구출된 석해균 선장을 치료해 국민들의 영웅이 되었고, 정부로부터 국민표창을 수여받았다. 그리고 2018년 『골든아워』(전 2권)라는 제목의 에세이 책을 냈고, 출간하자마자 베스트셀러에 등극했고, 2019년 정부포상 국민추천제에 따른 2번째 국민훈장 무궁화장이 선정되었다고 한다.

그러다가 2017년 11월, 북한군 하전사(병사) 오청성 씨가 판문점 공동경비구역 지역의 군사분계선을 넘어 귀순하는 도중 북측 초소

로부터 총격을 받아 5군데의 총상을 입고 UN사 헬기를 통해 아주대병원으로 이송되었고, 이국종 교수의 집도 아래 몇 차례의 어려운 수술을 거쳐 병사의 생명을 구해냈다. 이국종 박사가 한 일에 대해선 필자가 더 얘기하지 않아도 알 것이다.

그런데 2019년 병원 운영자와의 갈등으로 인해 다시 한번 국민들의 관심을 받게 되었다. 이 교수와 아주대병원 간의 갈등은 지난달 유희석 아주대의료원장이 과거 이 교수에게 욕설하는 대화가 담긴 녹음파일이 보도되면서 불거졌고 이 교수는 최근 외상센터장에서 물러났다.

그러나 대운의 변화가 커서 이런 상황으로 이국종 박사의 삶이 끝나지는 않는다. 과거와의 단절을 의미하는 선에서 이런 갈등이 온 것 같다. 대운그래프에서 보듯 이국종 박사는 이것이 끝이 아니다. 아주대병원을 떠나 다른 곳에서의 활약상을 보게 될 것이다.

이국종 박사는 남들이 인정하는, 존경받는 스펙을 획득한 뒤, 가장 핫한 직업군에서 일을 하되, 부귀만을 탐하는 속물이 아닌, 양심인답게 지식인으로서의 길을 가게 된다. 그래서 흔히 전문적이면서도, 인정을 받는 직업군으로 살 것이다. 아마 원하는 만큼의 출세가 가능할 것이라 보여진다.

앞으로의 운명을 추론해본다면, 국가가 인정하는 조직에서의 활동, 또는 다른 대학에서의 강의 등 최고로 높은 직책으로의 이동이 나 변화가 예상된다. 따라서 힘내길 바란다.

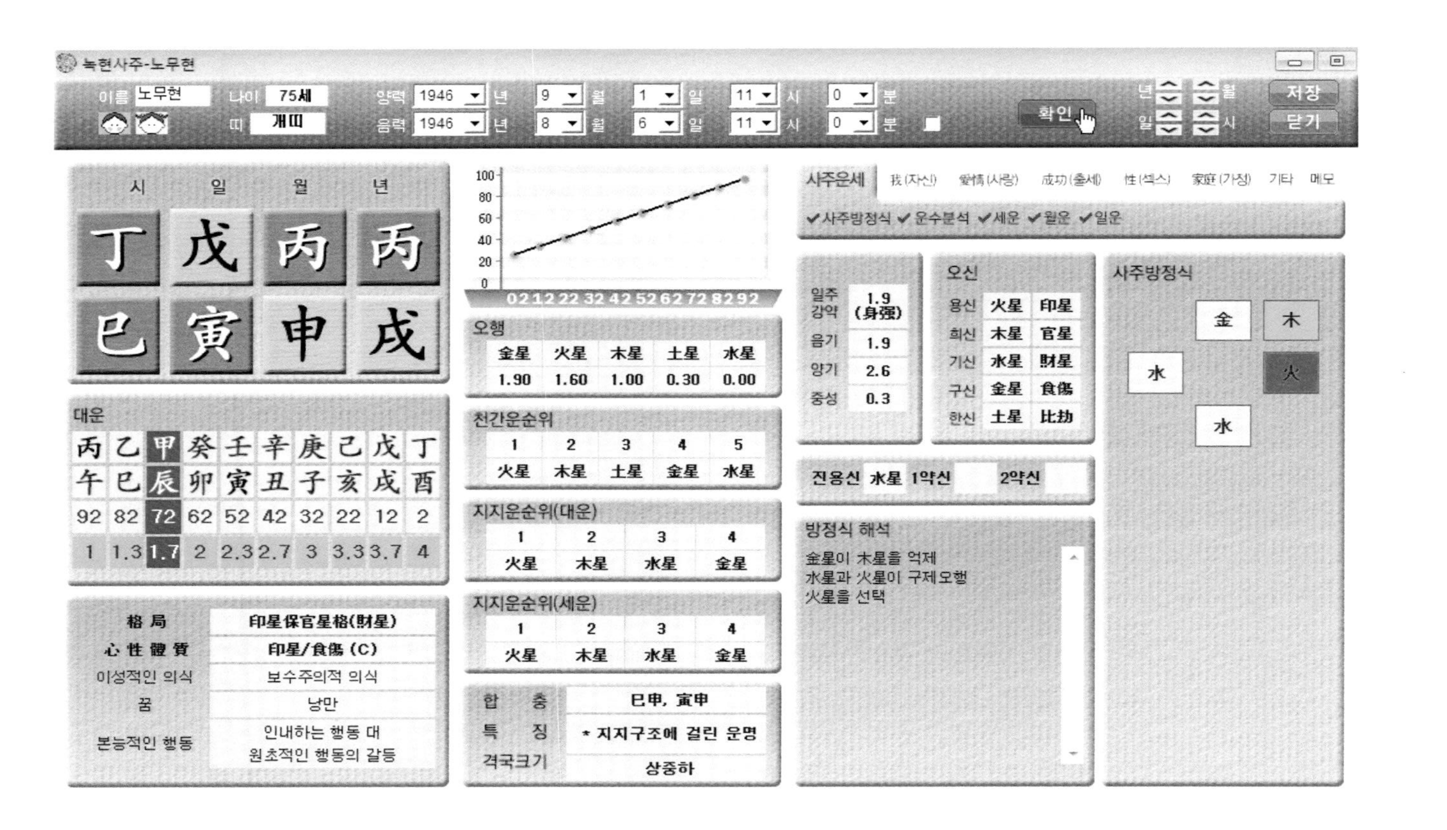

녹현사주-노무현
이름 노무현
나이 75세
띠 개띠
양력 1946 년 9 월 1 일 11 시 0 분
음력 1946 년 8 월 6 일 11 시 0 분
확인
저장
닫기
시 일 월 년
丁 戊 丙 丙
巳 寅 申 戌
대운
丙 乙 甲 癸 壬 辛 庚 己 戊 丁
午 巳 辰 卯 寅 丑 子 亥 戌 酉
92 82 72 62 52 42 32 22 12 2
1 1.3 1.7 2 2.3 2.7 3 3.3 3.7 4
格局 印星保官星格(財星)
心性體質 印星/食傷 (C)
이성적인 의식 보수주의적 의식
꿈 낭만
본능적인 행동 인내하는 행동 대 원초적인 행동의 갈등
0 2 12 22 32 42 52 62 72 82 92
오행
金星 火星 木星 土星 水星
1.90 1.60 1.00 0.30 0.00
천간운순위
1 2 3 4 5
火星 木星 土星 金星 水星
지지운순위(대운)
1 2 3 4
火星 木星 水星 金星
지지운순위(세운)
1 2 3 4
火星 木星 水星 金星
합 충 巳申, 寅申
특 징 * 지지구조에 걸린 운명
격국크기 상중하
사주운세 我(자신) 愛情(사랑) 成功(출세) 性(섹스) 家庭(가정) 기타 메모
✔사주방정식 ✔운수분석 ✔세운 ✔월운 ✔일운
일주강약 1.9 (身强)
음기 1.9
양기 2.6
중성 0.3
오신
용신 火星 印星
희신 木星 官星
기신 水星 財星
구신 金星 食傷
한신 土星 比劫
진용신 水星 1약신 2약신
방정식 해석
金星이 木星을 억제
水星과 火星이 구제오행
火星을 선택
사주방정식
金 木 水 火 水

2번 케이스에 해당하는 고 노무현 대통령의 명식이다.

의식 성향	무의식 성향
타고난 의식: 보수주의 ↕ 전환된 의식: 모험주의	명분형

첫 번째 대운부터 다섯 번째 대운까지 4등과 3등으로 흐르므로 40세 전까지는 전환된 의식인 모험주의 영향을 받는다. 이후 여섯 번째 대운부터는 2등의 운으로 흐르므로 40세 이후부터는 타고난 의식인 보수주의 영향을 받는 삶이라서 굴곡이 있는 명식이라 볼 수 있다. 다만 무의식적인 성향은 명분형으로 자신보다는 남들의 이목을 중시하는 행동을 한다는 것이다.

노무현 대통령의 삶에 대해선 논하지 않겠다. 대한민국 국민이라면 누구나 다 알고 있기 때문이다. 다만 2002년(壬午年) 대선 때 필자가 잘못 예측한 부분이 한 가지 있었는데 바로 노무현 대통령의 낙선이다. 그 당시로 돌아가 보면 월드컵이 열리고 끝나기 전까지도 노무현 대통령의 인기는 그다지 높지 않았고 오히려 축구협회장인 정몽준 국회의원의 인기가 치솟고 있을 때였다. 그대로만 진행된다면 누가 보아도 정몽준 국회의원이 여당의 대통령 후보로 나서는 것이 당연하다는 생각을 했을 것이다.

그럴 즈음 언론에서는 소위 내로라하는 역학자들의 의견이 봇물처럼 쏟아져 나왔다. 필자도 모 신문사로부터 누가 대통령에 당선될 것인가 살펴봐 달라는 청탁을 받고 노무현, 정몽준, 그리고 이회창의

사주를 알려주었다. 그 신문사에서는 필자를 포함한 다섯 명의 역학자에게 누가 대통령으로 당선될 가능성이 높은지 의견을 물었는데, 필자는 인기가 많은 정몽준 국회의원이 지지율이 낮은 노무현 후보에게 여당 대통령 후보를 양보한다는 의견을 제시하였다.

그렇게 본 이유는 정몽준 국회의원이 무의식 성향이 강하지 않은 탓에 명분형의 무의식 성향을 지닌 노무현 후보와 끝까지 경쟁하게 되면 끝내 포기할 수밖에 없을 거라고 예측했기 때문이다. 정몽준 국회의원의 지지율이 훨씬 높게 나왔음에도 불구하고 말이다. 그 누구도 예상하지 못한 결과(여론조사)가 나와 필자의 예측대로 노무현 후보가 여당의 대통령 후보가 되었는데 문제는 그 뒤에 터졌다. 기자가 필자에게 알려준 노무현 후보의 태어난 시간이 辰時라고 했다. 辰時가 되면 밋밋한 운의 흐름이라 이회창 후보와의 경쟁에선 이기지 못할 것이라 예측했다.

그래서 노무현 후보로 단일화가 되는 것까지는 정확히 예측했지만 정작 중요한 대선에서의 예측은 빗나가고 말았다. 대선이 끝난 뒤에 열린 연말 녹현학회 송년회 자리에서 제자 한 명이 말하길 자신이 노사모 회원인데, 노무현 대통령이 태어난 시간이 辰時가 아니고 巳時라는 것이었다. 태어난 시간이 巳時가 되면 40대 이후부터는 급격하게 운이 좋아지고, 선거가 있었던 해인 2002년(壬午年)의 운도 좋아 낙선할 수가 없는 상황이었다. 그렇지만 부정확한 정보에 의해 잘못 예측하는 바람에 본의 아니게 독자들의 믿음에 조금이라도 실망을 드린 점은 지금도 미안하게 생각하고 있다.

당선된 직후에 모 신문사에서 노무현 대통령이 집권하고 있을 때의 대한민국 미래를 예측해달라는 청탁을 받고(태어난 시간도 바로 잡고) 여러 가지 분야로 나눠 예측한 결과를 신문사에 보냈지만 기사화가 되지 못했다. 이유인즉 노무현 대통령의 운세로 보아 2004년(甲申年=59세)에 탄핵당할 것이라 예측했고, 또한 이런 국난도 국민의 힘으로 극복될 수 있다고 예측했기 때문이다.

노무현 대통령의 운명은 명분 때문에 갈등하는 파란만장한 운명이다. 가장 특징적인 면은 명분형이라서 '생각할 것인가 또는 실행에 옮길 것인가의 갈등'으로 보수와 개혁, 안정과 변화, 인정과 무시, 전통과 혁신 등의 대립이라서 다른 어떠한 것에서 밀리더라도 명분에서만큼은 밀리지 않겠다는 결심으로 인해 실리를 빼앗기는 우를 범하게 된다는 것이다. 노무현 대통령의 행동양식이 이렇게 갈등할 수밖에 없다. 이렇게 헷갈리는 사람이 한 집안의 가장이라면 그 집 식구들만 걱정하면 되지만, 한 나라의 지도자가 되면 국민 대다수가 걱정해야 하는 상황이라, 나라의 뿌리부터가 흔들릴 수도 있다.

여기서부터 문제가 출발했다. 일관되지 못했던 언행과 직위에 맞지 않는 언행, 국민의 소리에 귀 기울이다 막아버리고 코드가 같으면 무조건 믿다가 코드가 다르면 무시해버리는, 어른스럽다가도 어린애 같은, 조용히 있다가도 왕왕 떠들어대는 등 오기를 부리는 극과 극을 오가는 모습을 노무현 대통령은 유난히 많이 보여줬다.

그러한 까닭은 무슨 일이 일어나더라도 명분만은 잃지 않으려는 무의식 성향 때문에 표출된 셈이다. 서로 다투는 무의식 성향을 타고났어도 지도자가 된 후에는 여러 사람들의 말을 듣고 수렴하여 중용의 모습을 보이고 국민들을 편안히 지낼 수 있게끔 했더라면….

불행한 대통령의 삶으로 끝내지 않았을 수도 있을 것이란 생각을 지금도 해본다.

그리고 노무현 대통령께서 스스로 세상을 등진 것도 바로 명분형 무의식 성향 때문이다. 대통령 재임 시 늘 해왔던 말이 "대통령에서 물러나면 서울이 아닌 고향으로 돌아가는 첫 대통령이 되고, 국민들이 찾는 데통령이 되겠다."라고 주장했는데, 대통령 자신은 돈에서 떳떳했지만, 가족들이 돈의 유혹을 뿌리치지 못해 국민들을 볼 명분을 상실한 것이었다. 명분을 목숨보다 더 중시 여기는 분이 명분을 잃었으니 살아 있어도 산 것이 아니었을 것이다. 그래서 스스로 몸을 던진 것이라 필자는 추론한다.

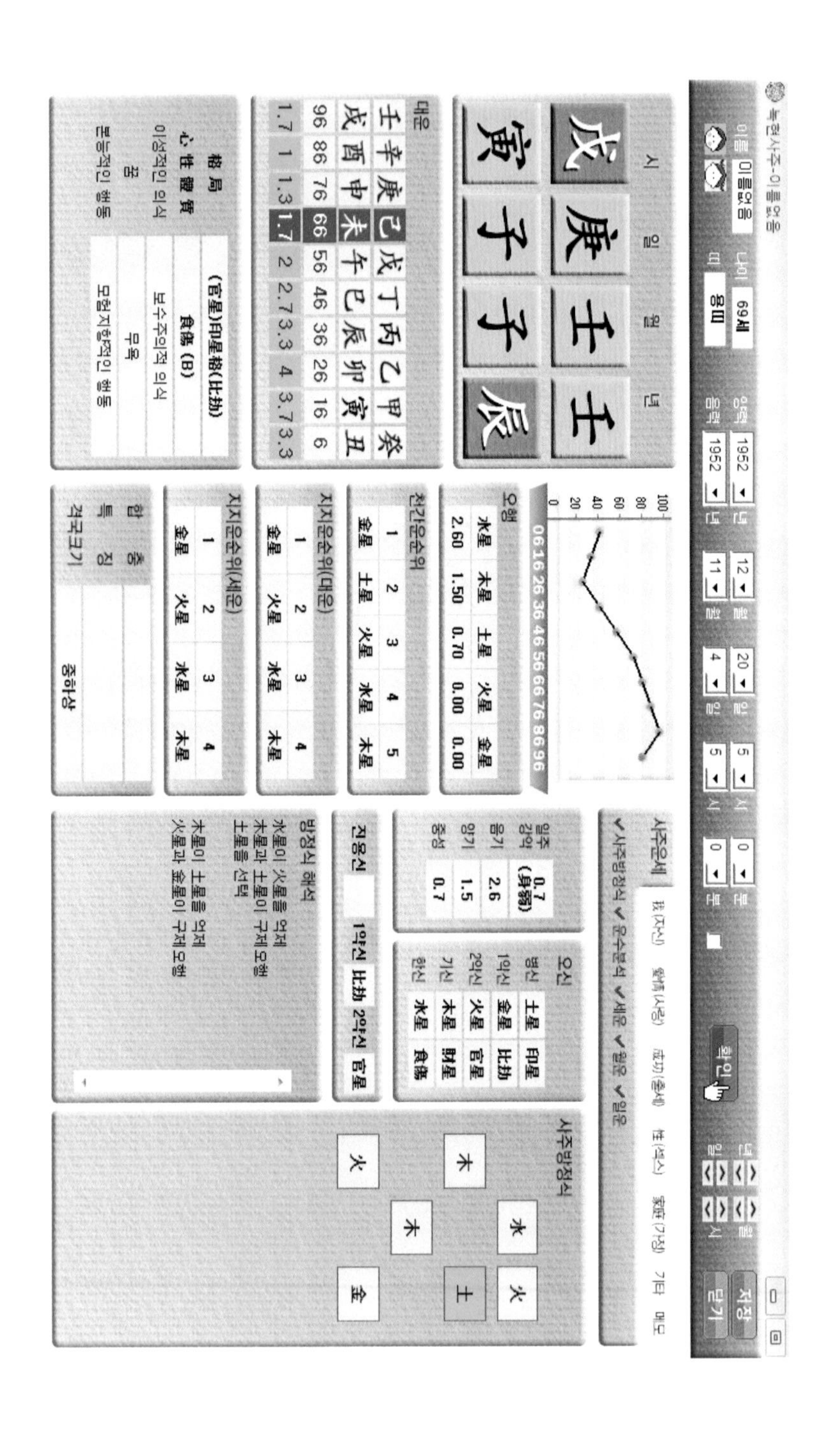

녹현사주-이름없음
이름 이름없음
나이 69세
띠 용띠
양력 1952 년 12 월 20 일 5 시 0 분
음력 1952 년 11 월 4 일 5 시 0 분
확인
저장
닫기
시 일 월 년
戊 庚 壬 壬
寅 子 子 辰
대운
格局 (官星)印星格(比劫)
心性體質 食傷(B)
이성적인 의식 보수주의적 의식
꿈 무욕
본능적인 행동 모험지향적인 행동
오행
水星 木星 土星 火星 金星
2.60 1.50 0.70 0.00 0.00
천간운순위
지지운순위(대운)
지지운순위(세운)
격국크기 중하상
사주운세
사주방정식
방정식 해석
水星이 火星을 억제
木星과 土星이 구제 오행
土星을 선택
木星이 土星을 억제
火星과 金星이 구제 오행
오신

요즘 가장 인기가 많은 이낙연 전 총리, 국회의원 당선자 명식이다.

의식 성향	무의식 성향	꿈 성향
타고난 의식: 보수주의 ↕ 전환된 의식: 모험주의	모험형	협동형

심리주기가 네 번째 대운까지는 3~4등으로 흐르다가, 다섯 번째 대운부터 1~2등으로 흐르는 흐름이다. 이러면 30세 전까지는 전환된 의식인 모험주의 영향을 받고, 30세 후부터는 타고난 의식인 보수주의 영향을 받는다.

모험주의 의식과 보수주의 의식의 영향을 단적으로 비교하면, 모험주의 의식일 때는 모든 것을 혼자서 해결해야만 하기에 불안한 생활의 연속이라는 느낌이고, 보수주의 의식일 때는 무엇인가 자신을 감싸주는 느낌이 들어 안정적으로 살아갈 수 있다는 느낌이 드는 것이다.

차기 대통령 지지도 일순위인 이낙연 국회의원의 삶을 비춰보자.

가난한 농부 집안에서 7남매 중 장남으로 출생했다. 담임교사가 총명함을 알아보고 가난한 부모님을 설득하여 중학교부터 광주로 보냈다. 어머니가 농사일과 채소장사를 하며 뒷바라지를 했다. 광주북성중학교, 광주제일고등학교, 서울대학교 법과대학을 졸업하였다. 대학시절 하숙비를 못 내 친구네, 선배네 자취방을 전전하면서 살았다.

대한민국 육군에 입대하여 31개월 카투사로 서울 이태원동에서 미8군 행정병으로 복무하고 제대했으며, 전역 후 가정형편상 바로 신탁은행에 취업하였다가 1979년(28세) 동아일보에 기자로 입사했다.

동아일보에 입사한 후 2000년 정계로 진출할 때까지 21년간 동아일보에서 기자로 근무했다. 그 다음해인 1980년 미술교사인 김숙희 여사와 결혼했다. 동아일보에서는 입사 이후 정치부 기자로 일했고, 1989년부터 수년간 도쿄 특파원을 지냈다. 동아일보 정치부 기자로 일하던 시절 '동교동계'로 불리던 옛 민주당을 출입하다가 김대중 전 대통령과 알게 되어 친분을 쌓게 되었고, 결국 정치권에 입문하게 됐다.

기자 시절 김대중 전 대통령이 당시 이낙연 기자를 얼마나 아꼈는지 이런 일화가 전해진다. 어느 날 기자회견을 할 일이 있었고, 타 신문사 기자들은 다 모였는데 이낙연 기자가 보이지 않자 시작을 안 하다가, 이낙연 기자가 조금 늦게 도착하니 그제서야 기자회견을 시작했다는 것이다. 현재는 "언론인 출신의 정치인 중 성공적인 길을 걷고 있다."라는 평가를 받고 있다고 한다.

2014년 제6회 전국동시지방선거에서 새정치민주연합 후보로 전라남도 도지사 선거에 출마하여 당선되었다. 제37대 전라남도 도지사 선거에 출마했을 때 '100원 택시'와 '찾아가는 영화관' 서비스 등 이색 공약을 내걸고 100원 택시는 전라남도 316개 마을에 사는 사람들이 택시를 부르면 그 마을에서 가장 가까운 버스정류장까지 100원을 받고 택시가 운행한 뒤 차액을 지방자치단체에서 지불하는 방식으로, 현재도 화순과 보성에서 시범운행 중이다.

전라남도 22개 시·군 중 목포, 순천, 여수, 광양에만 영화관이 있는 점을 고려해, 도지사에 당선된 뒤 2014년 고흥과 장흥에 영화관을 세웠고, 임기 안에 18개 시·군에 모두 영화관을 세우겠다고 약속했으며, 섬과 농어촌 지역에도 영상 장비를 들고 찾아가 영화를 무료로 볼 수 있는 행사를 시범운영했다고 한다.

완벽주의를 추구하며 꼼꼼하고 세심한 업무 스타일 때문에 "마치 6급 공무원 같다"라며 전남도 공무원들 사이에서 '이 주사'라는 별명이 붙기도 했다. 깐깐한 업무 스타일로 인해 "국무총리로 임명되면 장관들이 시달릴 것"이라는 말이 나왔었는데, 이 말은 현실이 되었다고 한다. 이렇게 '일 잘하고 성실해서 피곤한 상사' 스타일이지만, 일과 후엔 직원이나 기자들과 격의 없이 막걸리를 마시며 소통하는 것을 즐겼다. 그래서 붙은 별명이 '막걸리 도지사'. 막걸리를 고집하는 이유는 '쌀 소비 증대'를 위해서라고 한다. 참으로 전남도지사다운 이유라고 할 수 있다.

제19대 대통령 선거에서 당선된 문재인 대통령이 새 정부의 초대 국무총리로 내정했다. 국무총리에 내정된 이유로는, "문재인 대통령이 약속한 '통합'을 위해 호남을 배려하고 온건 비문 계열에 가까운 인사인 이낙연을 등용해서 화합형 인사의 의미를 강조하기 위해서"라는 해석이 나오고 있다. 또한 4선 의원 출신에 현직 도지사이고, 정치생활 중 특별한 물의도 없어 어느 정도 청문회를 무난하게 통과하기 위한 인사라는 평도 있다.

자유한국당조차도 이낙연의 인품에 대해 호평을 하여 특이사항이 없는 한 총리직에 오를 가능성이 높다. 5월 10일 총리 내정 소식을 접한 직후 한의원에서 침을 맞고 있다가 서울로 올라왔다고 한다. 당시 매우 많은 사람들로부터 전화통화와 메시지가 오는 바람에, 다른 손님에게 폐를 끼칠까봐 특실 좌석을 예약해놓고도 전화통화 때에는 출입문 통로 입석 좌석에 앉아있는 매너가 기사화되었다.

2020년 1월 15일 국무총리 퇴임 후, 민주당이 이 전 총리에게 공동선대위원장을 맡기고 종로 출마 또한 기정사실화했다. 2020년 1월 22일, 공동상임선대위원장 및 종로 출마를 제안받았다. 바로 다음날 수락 의사를 밝히면서 "국민께 위로와 희망 드릴 것"이라고 포부를 밝혔다. 그러나 대구를 중심으로 코로나바이러스 감염증이 본격적으로 확산되는 상황이 되자 지역구 경쟁 상대인 황교안 미래통합당 대표가 문재인 정부를 상대로 COVID-19 확산을 명분으로 세금을 쓸 생각을 하지 말라고 날을 세웠고, 이에 대해 이낙연 전 총리는 황교안 대표를 비판하며 세금은 이럴 때 쓰라고 있는 것이라며 추가경정예산 편성의 필요성을 강조했다고 한다. 또한 유튜브 채널을 개설해 민주당 총선 후보들을 적극적으로 홍보하는 등 적극적인 행보를 보이고 있다. 적극적인 행보 덕분인지 대권 후보 경쟁자이자 같은 지역구에서 맞붙는 미래통합당 황교안 대표와의 지지율 격차가 선거 종반전으로 갈수록 더 벌어지고 있다. 출구조사에서도 크게 승리했고 개표에서도 내내 크게 앞서가며 당선을 조기에 확정지었다. 더불어민주당도 대승을 거뒀으나, 이낙연 전 총리는 환호나 박수갈채를 자제시키고 압승을 거둔 선거 결과에 대해 무거운 책임감을 느낀다고 하였다.

결과적으로 5선 고지를 밟음과 동시에 차기 대권주자로서 발판을 마련했다. 특히 제1야당 미래통합당의 대선 후보급들이 이번 총선에서 줄줄이 낙선한 탓에 2022년 대선을 향해 가는 길이 비교적 탄탄해졌다. 당내에서도 소위 이낙연계라고 불리는 인물들이 많이 당선된 것도 당내 기반이 굳건하지 않은 것으로 평가받는 이낙연 전 총리에게 더 긍정적인 요소이다.

출처: 나무위키

타고난 의식이 보수주의 의식이지만, 무의식 성향이 모험형이라서 행동으로 드러나는 모습은 "위보다는 아래를 챙기는, 모두를 공평하게 대하는, 구태를 타파하고 혁신하자는, 모두가 똑같은 권리를 누리자는, 말보다 실천이 먼저"라는 식이라서 지도자가 된다면 국민들을 위해 많은 일들을 할 것이다.

차기 대선에서는 누구보다 더 강한 국민들의 지지를 받을 것이다. 다만, 여당 대통령 후보 경쟁에서 많은 장애를 뚫고 우뚝 설 수 있을지가 문제일 뿐이다. 왜냐하면 조직의 적극적인 도움을 많이 받지 못하는 운명이라서 그렇다.

의식의 전환이 거의 없는 경우

완만하게 흐른다는 것은 1등에서 2등으로, 2등에서 1등으로, 3등에서 4등으로, 4등에서 3등으로 삶의 굴곡이 거의 없이 운이 흐르고 있음을 뜻한다. 1등에서 2등으로와 2등에서 1등으로는 평생 타고난 의식의 영향을 받을 것이고, 3등에서 4등으로와 4등에서 3등으로는 전환된 의식의 영향을 받을 것이다. 이런 흐름이라면 평생 좋은 운 흐름인지, 안 좋은 운 흐름인지 정작 자신은 모를 수도 있다. 왜냐하면 태어나면서부터 혹은 사회생활을 할 무렵부터 생을 마칠 때까지 타고난 의식 또는 전환된 의식이든지 간에 한 종류의 의식 영향 아래 있기 때문이다. 이런 운 흐름의 종류는 모두 여섯 종류이다.

1. 대운 첫 번째부터 여섯 번째까지는 1~2등이었다가 일곱 번째부터 3~4등
2. 대운 첫 번째는 3~4등이었다가, 두 번째부터 일곱 번째까지는 1~2등
3. 대운 두 번째까지 3~4등이었다가, 세 번째부터 여덟 번째까지는 1~2등
4. 대운 첫 번째부터 여섯 번째까지는 3~4등이었다가 일곱 번째부터 1~2등
5. 대운 첫 번째만 1~2등이었다가, 일곱 번째까지는 3~4등
6. 대운 두 번째까지 1~2등이었다가, 세 번 째부터 여덟 번째까지는 3~4등

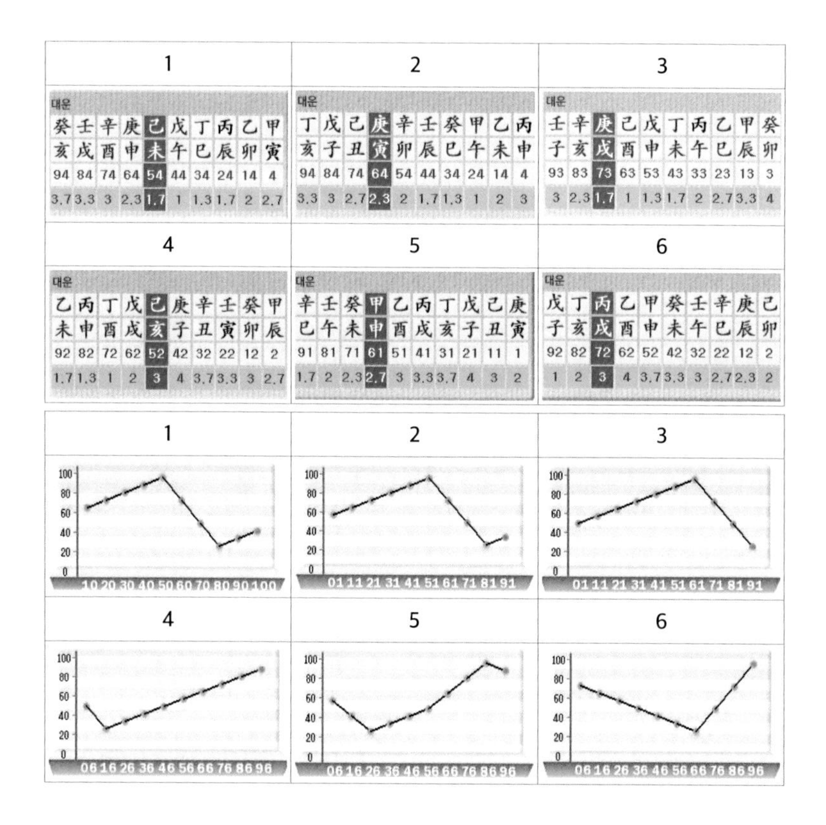

1

대운

癸	壬	辛	庚	己	戊	丁	丙	乙	甲
亥	戌	酉	申	未	午	巳	辰	卯	寅
94	84	74	64	54	44	34	24	14	4
3.7	3.3	3	2.3	1.7	1	1.3	1.7	2	2.7

2

대운

丁	戊	己	庚	辛	壬	癸	甲	乙	丙
亥	子	丑	寅	卯	辰	巳	午	未	申
94	84	74	64	54	44	34	24	14	4
3.3	3	2.7	2.3	2	1.7	1.3	1	2	3

3

대운

壬	辛	庚	己	戊	丁	丙	乙	甲	癸
子	亥	戌	酉	申	未	午	巳	辰	卯
93	83	73	63	53	43	33	23	13	3
3	2.3	1.7	1	1.3	1.7	2	2.7	3.3	4

4

대운

乙	丙	丁	戊	己	庚	辛	壬	癸	甲
未	申	酉	戌	亥	子	丑	寅	卯	辰
92	82	72	62	52	42	32	22	12	2
1.7	1.3	1	2	3	4	3.7	3.3	3	2.7

5

대운

辛	壬	癸	甲	乙	丙	丁	戊	己	庚
巳	午	未	申	酉	戌	亥	子	丑	寅
91	81	71	61	51	41	31	21	11	1
1.7	2	2.3	2.7	3	3.3	3.7	4	3	2

6

대운

戊	丁	丙	乙	甲	癸	壬	辛	庚	己
子	亥	戌	酉	申	未	午	巳	辰	卯
92	82	72	62	52	42	32	22	12	2
1	2	3	4	3.7	3.3	3	2.7	2.3	2

1번부터 3번까지는 타고난 의식의 영향을 받는 운 흐름이 좋은 경우이며, 4번부터 6번까지는 전환된 의식의 영향을 받는 운 흐름이 좋지 않게 흐르는 경우이다. 그런데 1번과 4번은 첫 번째 대운부터 여섯 번째 대운까지 1등에서 2등으로, 3등에서 4등으로 흐른다. 이런 운 흐름의 소유자는 평생 타고난 의식이나 전환된 의식의 영향을 받게 된다. 1번 운의 소유자는 자신이 바라는 것의 7~80%까지는 이뤄진다고 생각한다. 원하는 것이 아예 이뤄지지 않는 것도 아니라는 거다. 그렇다고 아주 행복하다는 것도 아니고, 아주 힘들거나 고생한 것도 아니다. 되는 듯 안 되는 듯 이렇게 평생 살아간다는 거다.

그래서 대부분의 사람들이 삶이 지겹다고 생각한다. 그날이 그날이라고 말이다. 그러한 이유는 삶의 굴곡이 없기 때문이다. 그리고 앞서도 언급했지만, 수명이 길어지는 바람에 무의식 성향에 따라 50대 전과 후의 의식전환으로 생활 전반에 변화가 올 수도 있음을 알아야 한다. 그러나 4번 운의 소유자는 평생 바라는 삶을 살 수가 없다. 그래서 조금이나마 만족스럽게 살았던 기억이나 추억이 없이 평생 고생스럽고 힘든 기억밖에 없다. 타고난 의식 성향이 가르치는 대로 계획을 세우거나 마음을 먹으면 이상하게도 어긋나거나 피치 못할 일이 생겨 모든 것이 허사로 돌아간다. 이러한 경우를 몇 번 겪고 나면 자포자기 마음이 든다. 그러나 수명이 길어진 덕분에 4번 운의 소유자도 50대 이후로는 타고난 의식의 영향을 받으므로 무의식 성향에 따라 만족스러운 방향으로 삶을 마칠 수도 있다.

2번과 5번의 경우는 첫 번째 대운을 제외하고 두 번째부터 일곱 번째 대운까지 1등에서 2등 또는 3등에서 4등으로 흐른다. 첫 번째 대운은 나머지 대운하고 운 순위가 다르지만, 10세 전에 의식의 전환이 이뤄졌기에 자신이 인지하기가 어렵다. 그래서 자신은 태어날 때부터 한 가지 의식으로 살아왔다고 믿게 된다. 2번 운의 소유자도 자신이 바라는 것의 7~80%까지는 이뤄졌다고 생각한다. 그래서 되는 듯 안 되는 듯 이렇게 살기에 삶이 지겹다고 생각한다. 앞서도 언급했지만 그러한 이유는 삶의 굴곡이 없어서다. 1번 운의 소유자는 무의식 성향에 따라 50대 후의 생활에 변화를 줄 수도 있지만, 이 경우는 60대 후의 의식전환이기에 생활에 변화를 줄 수 있는 기회도 거의 박탈당했다고 볼 수 있다. 5번 운의 소유자는 평생 바라는 삶을 살 수가 없다. 평생 만족스러운 기억은 아예 없다. 4번 운의 소유자처럼 무의식 성향에 따라 50대 후의 생활에 만족스러움을 표하기도 어렵다. 왜냐하면 60대 후의 의식전환이 오기에 생활의 변화를 주고 만족스러움을 느끼기에는 모든 조건이나 환경이 허락하지 않아서다. 그래서 마치 타고난 의식 성향이 가르치는 삶이 평생 꿈인 양 착각하며 살기도 한다.

3번과 6번은 첫 번째와 두 번째 대운을 제외하고 세 번째부터 여덟 번째 대운까지 1등에서 2등, 3등에서 4등으로 흐르는 경우이다. 초등학교 시절에 타고난 의식에서 전환된 의식으로, 전환된 의식에서 타고난 의식으로의 변화가 이뤄진다. 그래서 어렸을 때 당시에는 의식의 변화를 감지할 수 있지만, 중고등학교 시절 이후의 의식에는 아무런 영향을 미치지 않는다. 그렇다면 어렸을 때 의식의 전환이 이뤄졌음을 무엇으로 알 수 있을까? 그것은 바로 그 당시의 일기장 또는 취미나 취향을 통해서다. 삶의 회의나 인생무상을 외치다가 경쟁력이 있는, 모범생으로 지내다가 막가파로, 착하고 순진하다가 양아치로, 장난만 치다가 공부 잘하는 장학생으로 바뀌는 사람들을 볼 수 있다. 그런 경우의 사람들이 3번과 6번 운의 소유자라 보면 틀림이 없다. 3번 운의 소유자도 자신이 바라는 것의 7~80%까지 이뤄졌다고 생각한다. 되는 것도 없고 안 되는 것도 없이 살아왔다고 말이다. 나이 70대가 넘어서야 의식의 전환이 이뤄지므로 마땅히 삶이 지루하다고 말할 것이다. 그렇다고 삶에 커다란 불만이 있는 것도 아니다. 그러나 6번 운의 소유자는 그렇지가 않다. 아주 어렸을 때만 빼고 나머지 삶은 전환된 의식의 영향을 받았으니 말이다. 원하는 것, 바라는 것 하나 되지 않고 굴절된 인생을 살았으니 무어라 표현하기도 힘들다. 그러니 당연히 자신이 타고난 의식 성향이 가르치는 삶이 평생 꿈이 되어버린 것이다.

다음은 1번 케이스에 속하는 윤석열 검찰총장의 명식이다.

윤석열 검찰총장의 사주에 대한 얘기는 하지 않으려고 했으나, 힘도 없는 조국 전 법무부장관뿐 아니라 가족들까지 파렴치범으로 모는 수사를 너무 오랫동안 벌이는 바람에 어떤 운명을 타고났기에 그럴까 살펴보겠다.

의식 성향	무의식 성향
타고난 의식: 보수주의 ↕ 전환된 의식: 모험주의	권력형 (특이하게도 남(바깥)들에게 드러내려는 성향(권력형)과 혼자 있을 때(집)의 자신의 진짜 성향(유아독존형)이 다른 스타일로 흔히 안팎으로 다른 모습이라 부른다.)

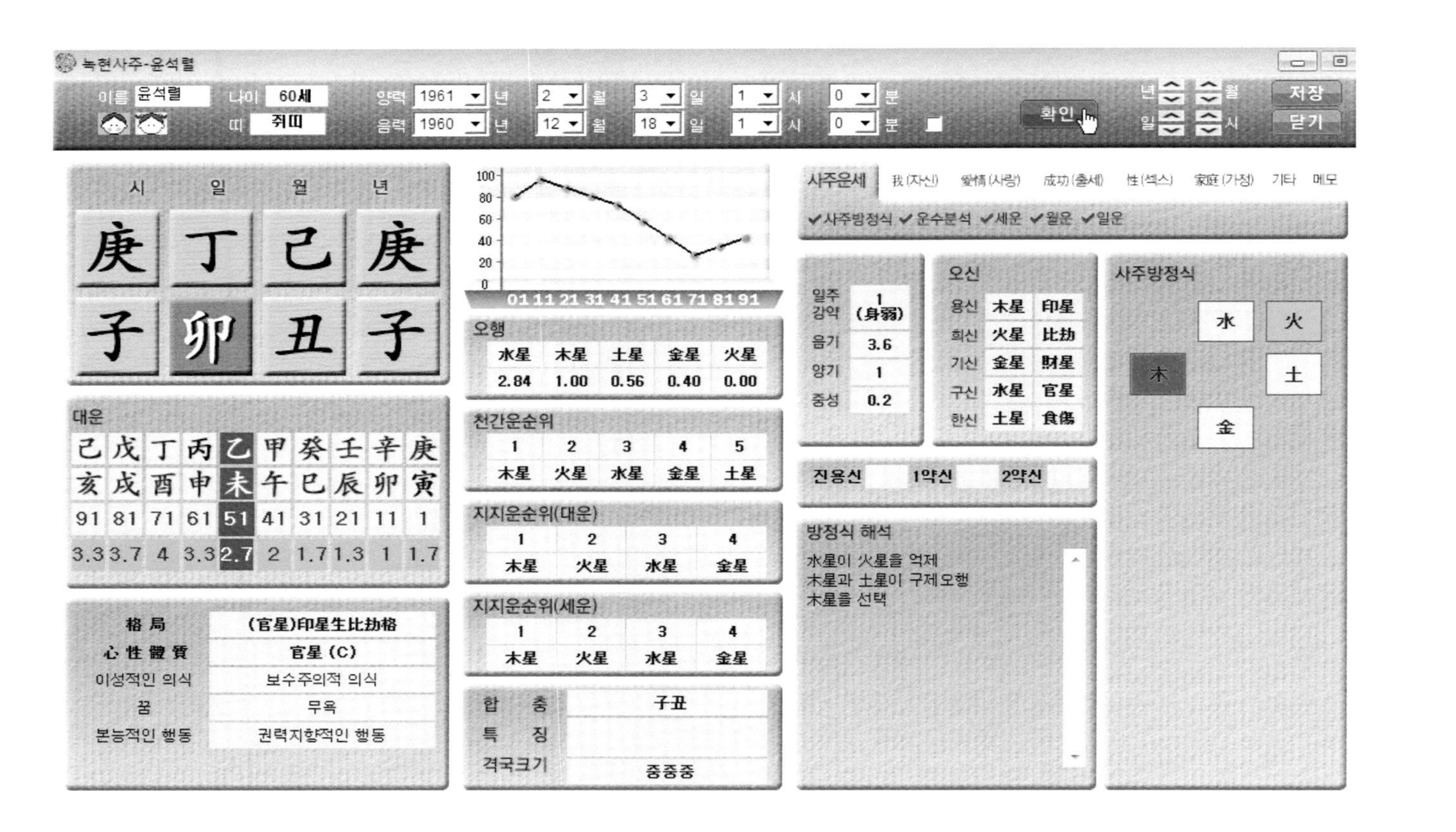

녹현사주-윤석렬
이름 윤석렬
나이 60세
띠 쥐띠
양력 1961 년 2 월 3 일 1 시 0 분
음력 1960 년 12 월 18 일 1 시 0 분
확인
년 월 일 시
저장
닫기
시 일 월 년
庚 丁 己 庚
子 卯 丑 子
대운
己 戊 丁 丙 乙 甲 癸 壬 辛 庚
亥 戌 酉 申 未 午 巳 辰 卯 寅
91 81 71 61 51 41 31 21 11 1
3.3 3.7 4 3.3 2.7 2 1.7 1.3 1 1.7
格局 (官星)印星生比劫格
心性體質 官星 (C)
이성적인 의식 보수주의적 의식
꿈 무욕
본능적인 행동 권력지향적인 행동
100 80 60 40 20 0
01 11 21 31 41 51 61 71 81 91
오행
水星 木星 土星 金星 火星
2.84 1.00 0.56 0.40 0.00
천간운순위
1 2 3 4 5
木星 火星 水星 金星 土星
지지운순위(대운)
1 2 3 4
木星 火星 水星 金星
지지운순위(세운)
1 2 3 4
木星 火星 水星 金星
합 충 子丑
특 징
격국크기 중중중
사주운세
我(자신) 愛情(사랑) 成功(출세) 性(섹스) 家庭(가정) 기타 메모
✔사주방정식 ✔운수분석 ✔세운 ✔월운 ✔일운
일주강약 1 (身弱)
음기 3.6
양기 1
중성 0.2
오신
용신 木星 印星
희신 火星 比劫
기신 金星 財星
구신 水星 官星
한신 土星 食傷
진용신 1약신 2약신
방정식 해석
水星이 火星을 억제
木星과 土星이 구제오행
木星을 선택
사주방정식
水 火 木 土 金

바깥에서는 권력형(모범적인 행동, 절제하는 모습, 근면성실한 모습, 출세하려는 모습, 가정적인 모습, 전통과 관습을 지키는 모습, 상명하복의 모습)이지만, 마음속으로는 모험형(모두가 평등하게 살자는 모습, 자존심과 자아가 강한 모습, 반발과 반항을 하는 모습, 기존 체제나 기성세대를 거부하는 모습, 개성·색깔이 강한 모습, 혁신적이고 도전적인 모습, 유아독존적인 모습)이다.

이런 운명의 구조인지라 윤석열 검찰총장으로 있을 때까지는 자기 멋대로 일을 처리할 것이다. 상사의 명령을 받지 않으려는 모습이라 할 수 있다. 아마도 이런 모습 때문에 소신껏 일할 수 있다고 잘못 판단할 수도 있을 것이다.

그러나 윤석열의 본모습은 어느 누구도 인정하지 않는 유아독존적인 성향인지라 마음에 들지 않으면 들이박아 버리기에 다루기 만만치 않은 운명이다. 그냥 겉으로 드러나는 모습만 보았던 사람은 틀림없이 윤석열에게 되치기를 당하기 십상이다. 아마도 그런 이중적인 삶 때문에 조국사태 나아가 채널 A 기자가 폭로한 노무현 재단의 유시민 이사장 비리까지 꾸민 것이라 볼 수 있다. 그리고 추미애 법무부장관의 말을 듣지 않고 마치 대통령처럼 행세하고 있는 것이다.

그런데 앞으로의 대운이 하락하기에 이러한 증상은 더욱 심해질 것으로 보인다. 그래서 윤석열 총장의 현재 상사인 대통령에 대한 반발까지 예상할 수 있다. 그러한 모습이 어떻게 나타날지 자못 궁금해진다. 여기까지가 2019년 10월 30일까지 살펴본 윤석열 총장의 추론이다.

그런데 그 이후, 윤석열 총장이 이끄는 검찰은 새해 신년사 발표, 채널 A 기자의 유시민 이사장 비리폭로 작전, 보수단체 시위현장 등장, 선거 후 민주당 당선자들의 선거사범 수사 등 누가 보더라도 엄청 치우친 모습만 드러내고 있다.

이 상태로 강 건너 불구경하듯 바라만 보다가는 큰일이 일어날지도 모른다. 문재인 대통령께서 어떤 조치를 취하든지 아니며 공수처에서 단단히 응수해야만 하지, 그렇지 않으면 걷잡을 수 없는 사태까지 이를 수 있다. 하루빨리 칼날(권위)을 빼앗아야만 한다.

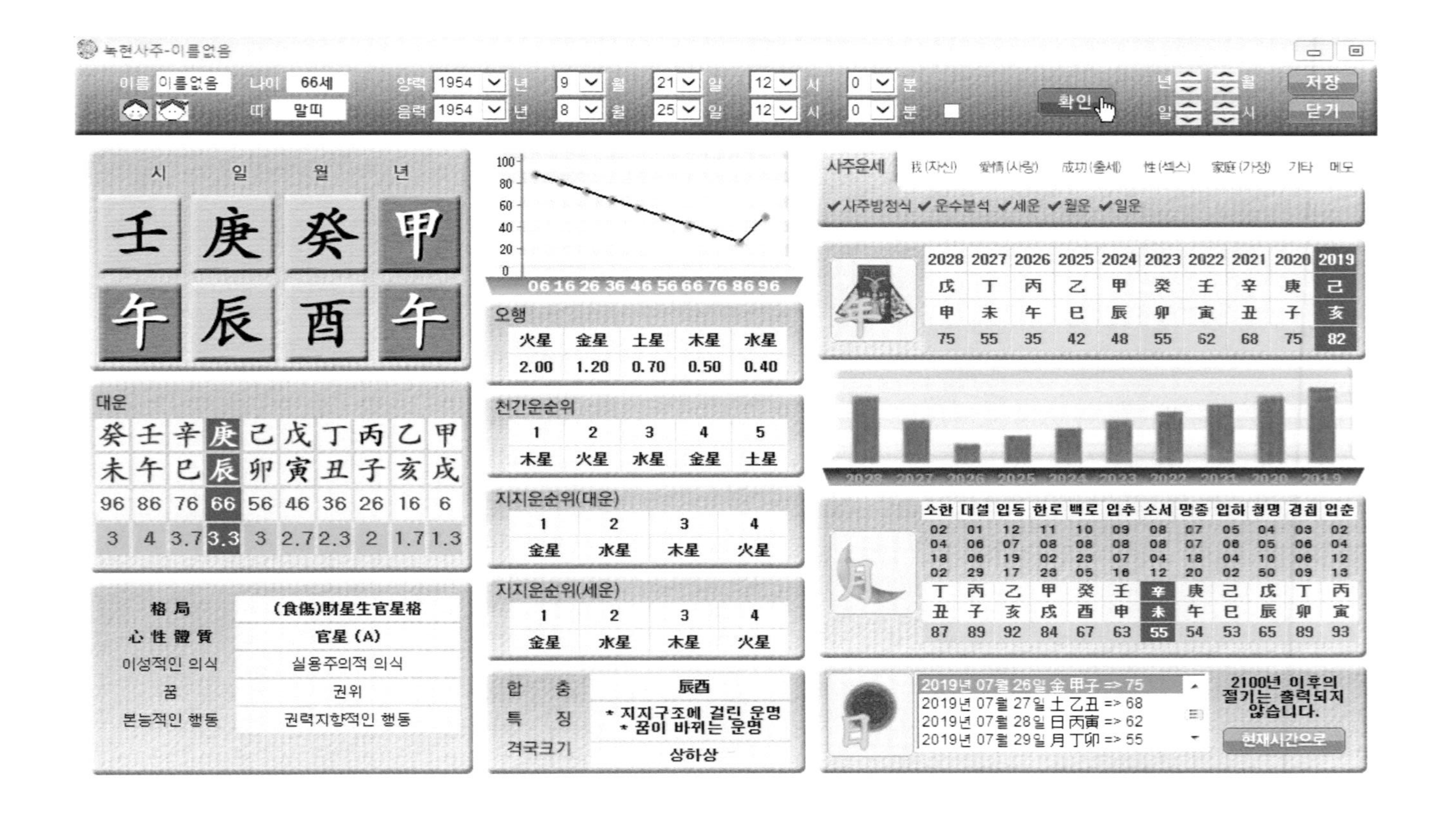
녹현사주-이름없음
이름 이름없음
나이 66세
띠 말띠
양력 1954 년 9 월 21 일 12 시 0 분
음력 1954 년 8 월 25 일 12 시 0 분
확인
년 월
일 시
저장
닫기
시 일 월 년
壬 庚 癸 甲
午 辰 酉 午
100 80 60 40 20 0
06 16 26 36 46 56 66 76 86 96
오행
火星 金星 土星 木星 水星
2.00 1.20 0.70 0.50 0.40
대운
癸 壬 辛 庚 己 戊 丁 丙 乙 甲
未 午 巳 辰 卯 寅 丑 子 亥 戌
96 86 76 66 56 46 36 26 16 6
3 4 3.7 3.3 3 2.7 2.3 2 1.7 1.3
천간운순위
1 2 3 4 5
木星 火星 水星 金星 土星
지지운순위(대운)
1 2 3 4
金星 水星 木星 火星
지지운순위(세운)
1 2 3 4
金星 水星 木星 火星
格局 (食傷)財星生官星格
心性體質 官星 (A)
이성적인 의식 실용주의적 의식
꿈 권위
본능적인 행동 권력지향적인 행동
합 충 辰酉
특 징 * 지지구조에 걸린 운명
* 꿈이 바뀌는 운명
격국크기 상하상
사주운세
我(자신) 愛情(사랑) 成功(출세) 性(섹스) 家庭(가정) 기타 메모
✔사주방정식 ✔운수분석 ✔세운 ✔월운 ✔일운
2028 2027 2026 2025 2024 2023 2022 2021 2020 2019
戊 丁 丙 乙 甲 癸 壬 辛 庚 己
申 未 午 巳 辰 卯 寅 丑 子 亥
75 55 35 42 48 55 62 68 75 82
소한 대설 입동 한로 백로 입추 소서 망종 입하 청명 경칩 입춘
02 01 12 11 10 09 08 07 05 04 03 02
04 06 07 08 08 08 08 07 06 05 06 04
18 06 19 02 23 07 04 18 04 10 06 12
02 29 17 23 05 16 12 20 02 50 09 13
丁 丙 乙 甲 癸 壬 辛 庚 己 戊 丁 丙
丑 子 亥 戌 酉 申 未 午 巳 辰 卯 寅
87 89 92 84 67 63 55 54 53 65 89 93
2019년 07월 26일 金 甲子 => 75
2019년 07월 27일 土 乙丑 => 68
2019년 07월 28일 日 丙寅 => 62
2019년 07월 29일 月 丁卯 => 55
2100년 이후의 절기는 출력되지 않습니다.
현재시간으로

2번 케이스에 속하는 일본 아베 수상의 명식이다.

아베 사주는 남과는 조금 다르다. 꿈 성향과 무의식 성향이 같은 경우로 흔치 않은 운명이다.

의식 성향	꿈 성향
타고난 의식: 실용주의 ↕ 전환된 의식: 명분주의	권위형

도무지 그냥 넘어갈 수가 없어 요즘 개 같은 짓을 하는 일본수상인 아베의 사주를 살펴보았다. 도대체 어떤 운명을 타고났기에 이처럼 안하무인식으로 한국을 대하고도 뻔뻔스럽게 지낼 수 있는 것인지 말이다.

심리주기는 태어나 일곱 번째 대운까지 1~2등으로 흐르다가 여덟 번째 대운부터 3~4등으로 흐른다. 이런 흐름이라면 평생 밋밋한 흐름이라 하겠는데, 아베에게는 그렇지가 않다. 왜냐하면 60세가 넘어서면서부터는 오로지 무의식 성향과 꿈 성향인 권력=권위(官星)를 찾아 달리기 때문이다. 마치 저 죽을지 모르고 불을 찾아 뛰어드는 불나방처럼 말이다.

아베처럼 꿈 성향과 무의식 성향이 같고, 운이 하락한다면 자신보다 높은 사람에게는 철두철미하게 아부하고 아첨하지만, 자신보다 낮은 사람에게는 무자비할 정도로 권위를 앞세워 짓누르기 때문이다.

그래서 트럼프 대통령에게는 마치 트럼프의 강아지처럼 할 짓, 못할 짓 다하면서 아부하다가도, 일본보다 낮다고 생각하고 있는 우리나라에 대해선 세계질서를 무시한 채 억지로 폼을 잡고 으시대는 꼴을 하는 것이다. 코로나 사태로 일본 국민이 위험한 순간에도 아베는 똥고집을 부리고 있지 않은가?

그렇다면 아베의 이 만행을 무엇으로 잠재울 수 있을까? 딱 한 가지 방법밖에 없다. 官星을 이기는 것은 食傷이다. 식상이란 틀을 깨는 것, 체제를 무너뜨리는 것, 반발과 반항을 하는 것, 법과 질서를 깨뜨리는 것, 법보다 주먹이 먼저인 것, 마치 막가파식으로 행동하는 것이다.

그런데 현재의 상황에서 막가파식이란 우리가 덤비는 것인데….

보수적인 국회의원들과 보수적인 언론 때문에 하나로 단결이 안 될 것이니 이 방법으로는 어렵고, 아베보다 힘이 강한 트럼프를 움직이는 것이다. 북한의 김정은과 미국의 트럼프가 만나 일본을 외톨이로 만들거나, 일본인들도 전쟁만을 생각하는 아베에 대해 실망을 하고 있으니 수상의 위치에서 내려오도록 하는 것이다.

또 하나는 우리가 경제적으로 일본보다 절대 우위에 서서 일본에게 경제적인 압박을 주는 것이라 할 수 있다. 지금 아베에게 커다란 충격을 주지 않으면 지금까지 일어난 일보다 앞으로 더한 짓을 할 것이기 때문이다.

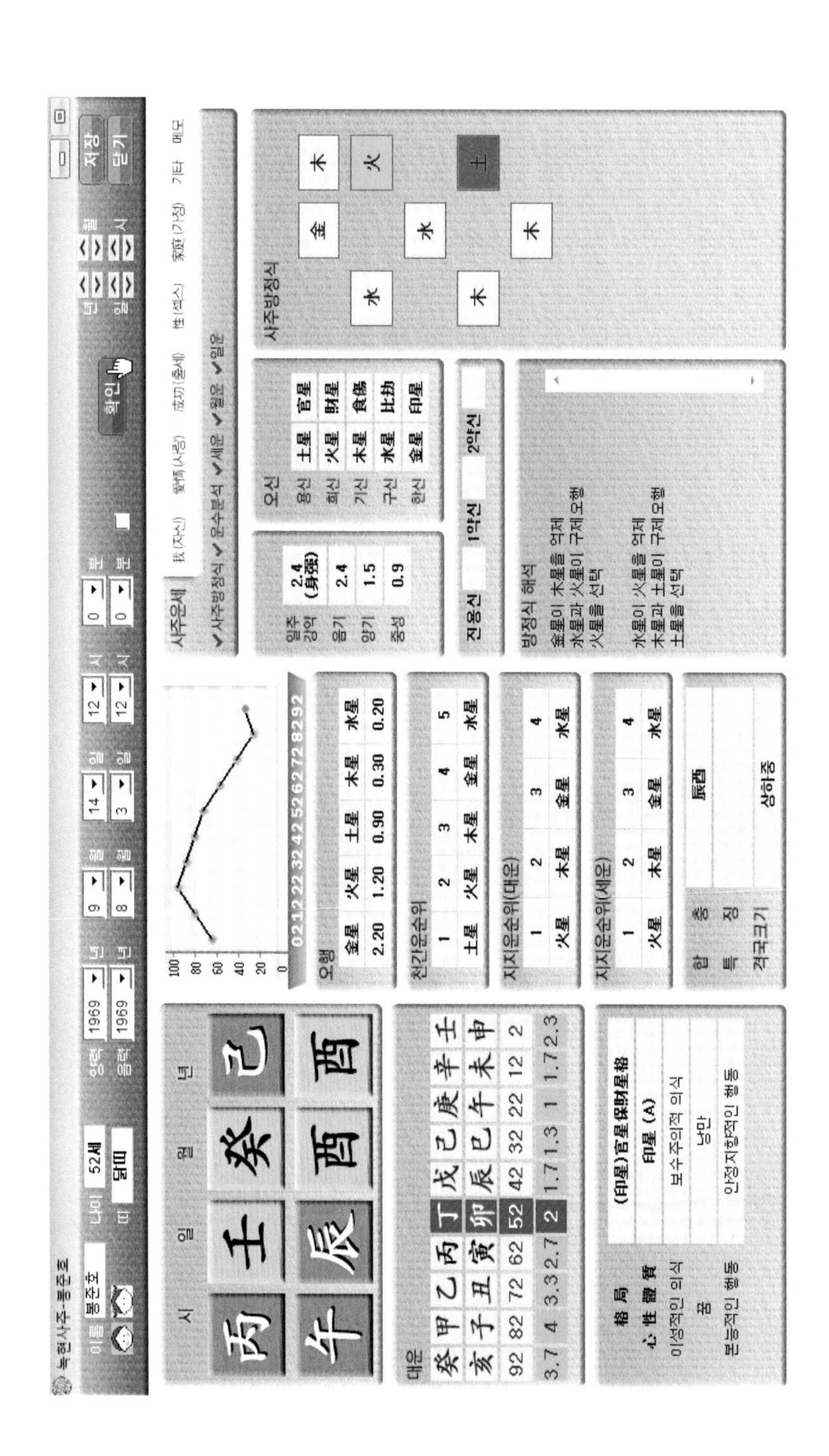
녹현사주-봉준호
이름 봉준호
나이 52세
띠 닭띠
양력 1969 년 9 월 14 일 12 시 0 분
음력 1969 년 8 월 3 일 12 시 0 분
확인
저장
닫기
시 일 월 년
丙 壬 癸 己
午 辰 酉 酉
대운
癸 甲 乙 丙 丁 戊 己 庚 辛 壬
亥 子 丑 寅 卯 辰 巳 午 未 申
92 82 72 62 52 42 32 22 12 2
3.7 4 3.3 2.7 2 1.7 1.3 1 1.7 2.3
格局 (印星)官星保財星格
心性體質 印星 (A)
이성적인 의식 보수주의적 의식
꿈 낭만
본능적인 행동 안정지향적인 행동
오행
金星 火星 土星 木星 水星
2.20 1.20 0.90 0.30 0.20
천간운순위
1 2 3 4 5
土星 火星 木星 金星 水星
지지운순위(대운)
1 2 3 4
火星 木星 金星 水星
지지운순위(세운)
1 2 3 4
火星 木星 金星 水星
합 辰酉
충
특징
격국크기 상하중
사주운세
我(자신) 愛情(사랑) 成功(출세) 性(섹스) 家庭(가정) 기타 메모
사주방정식 운수분석 세운 월운 일운
일주강약 2.4 (身强)
음기 2.4
양기 1.5
중성 0.9
오신
용신 土星 官星
희신 火星 財星
기신 木星 食傷
구신 水星 比劫
한신 金星 印星
진용신 1약신 2약신
방정식 해석
金星이 木星을 억제
水星과 火星이 구제 오행
火星을 선택
水星이 火星을 억제
木星과 土星이 구제 오행
土星을 선택
사주방정식
金 木 火 水 水 木 木 土

2번 케이스에 속하는 세계적인 감독 봉준호의 명식이다.

의식 성향	무의식 성향	꿈 성향
타고난 의식: 지식형의 보수주의 ↕ 전환된 의식: 모험주의	안팎으로 다른 성향 (밖에서는 안정형, 안에서는 현실형)	감성형

오스카시상식을 보다가 너무 기뻐 봉준호 감독의 사주를 살펴보았다. 영화 〈기생충〉이 아카데미 시상식에서 각본상, 감독상, 외국어 영화상, 작품상까지 총 4관왕의 주인공이 되었다.

특히나 영어가 아닌 언어로 만들어진 영화가 작품상을 받은 것은 아카데미 역사상 처음 있는 일이라고 한다. 이렇게 어려운 일을 봉준호 감독이 해냈다. 도대체 어떤 심리를 지녔기에 전 세계인을 감동시킬 만한 영화를 만들었을까? 〈괴물〉도 그렇고, 〈설국열차〉도 그렇고, 보통 사람들이 상상하기 어려운 영화를 말이다.

봉준호 감독의 사주도 대운의 변화는 크지 않다. 그래서 그랬는지 남들보다 이른 나이인 31세에 장편영화 데뷔를 했다고 한다. 그러나 〈플란더스의 개〉라는 영화가 흥행 실패로 위기에 처했지만, 봉준호 감독의 재능을 믿은 차승재 대표가 다시 기회를 줬고, 이때 연출한 영화가 〈살인의 추억〉이란 영화였다고 한다. 이 영화의 흥행 성공으로 봉준호 감독은 대중적으로 널리 알려지게 되었고, 2006년에 상상도 하지 못했던 내용의 영화 〈괴물〉로 1,300만 명의 관객을 동원해 한국의 대표 감독 반열에 올라섰다. 그 뒤 2019년 〈기생충〉으로 제

72회 칸 영화제에서 한국영화 100년 역사상 최초로 최고상인 황금종려상을 수상했고, 급기야는 오늘날 미국의 아카데미상을 휩쓸어 세계적인 감독이 되었다.

사주학적으로는 무의식 성향이 남과는 다르다. 자신을 잘 알지 못하는 곳에서는 안정형(의젓한, 이성적인, 어른 같은, 고상한, 동정심 있는, 인내하는)의 모습을 드러내다가도, 자신을 잘 아는 지인들 또는 가족들과 함께 있게 되면 현실형(낭만적인, 예술적인, 감정적인, 계산적인, 재치와 유머가 있는, 이기적인)의 모습을 보인다. 즉 자기 자신은 현실형의 모습인데, 남들에게는 그런 모습을 드러내기가 싫은 것이다. 까불까불한 모습보다는 지적이고 고상한 모습을 보여야만 한다는 강박관념을 지닌 채 태어난 것이다.

그래서 보수주의 의식은 많이 사라지고 늘 밖에서는 안정형, 안에서는 현실형의 삶만 살게 된다. 그렇게 끼가 많고 감상적인 자신만의 세계를 영화를 핑계 삼아 밖으로 끄집어낸 것이 아닌가 생각한다.

그렇기에 봉준호 감독은 영화를 직업으로 택한 것이 최적의 선택이라 할 수 있다. 아직도 대운이 남아 있으니 앞으로도 더 좋은 영화들을 만들어 내리라 본다. 놀랄 만한 자신만의 세계를 영화를 통해 우리들에게 더 보여주리라 예상한다. 아무튼 대한민국 100년 영화 역사 속에 길이 남을 명감독이다. 다시 한번 그에게 축하의 인사를 건넨다.

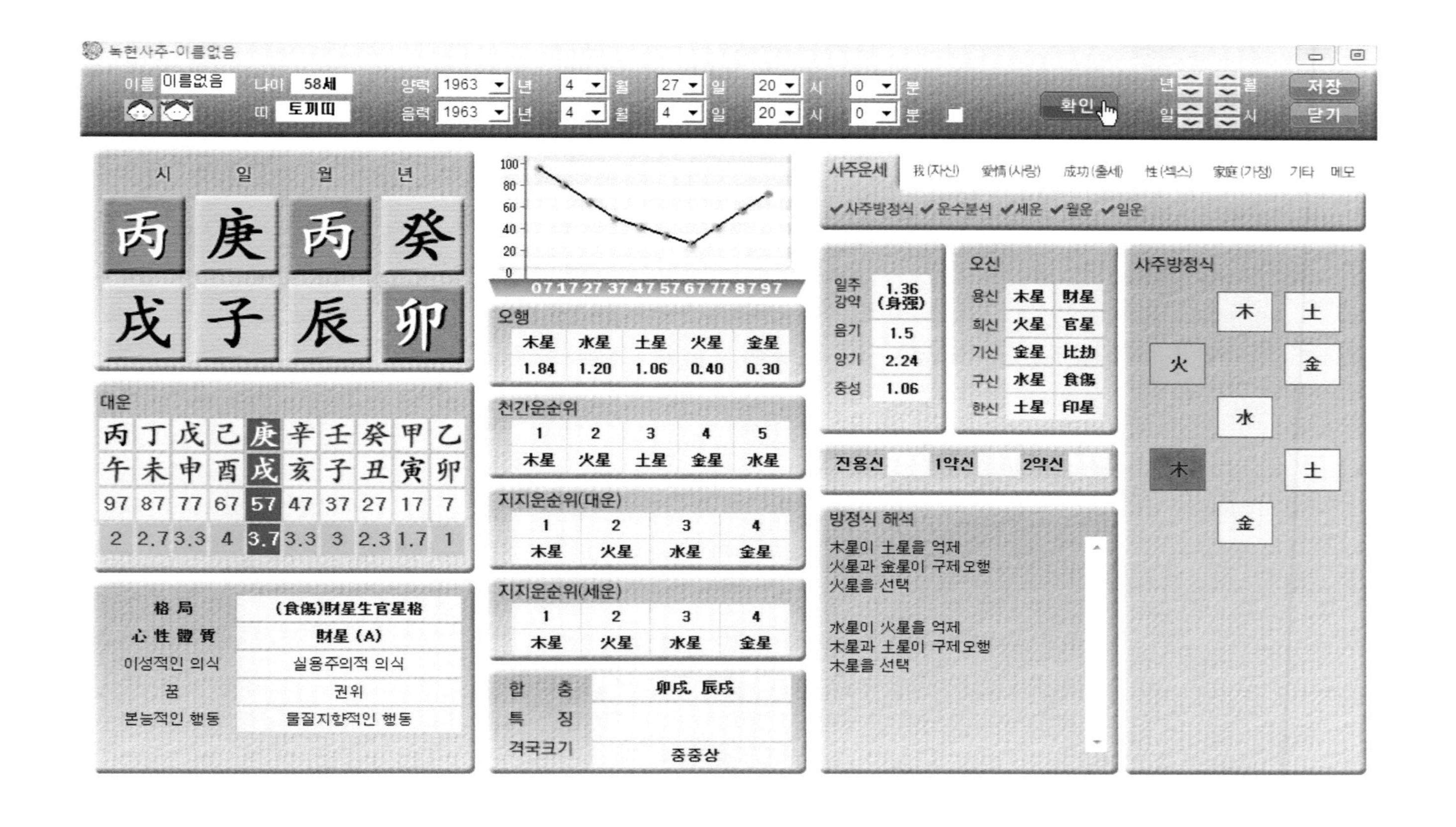
녹현사주-이름없음
이름 이름없음
나이 58세
띠 토끼띠
양력 1963 년 4 월 27 일 20 시 0 분
음력 1963 년 4 월 4 일 20 시 0 분
확인
저장
닫기
시 일 월 년
丙 庚 丙 癸
戌 子 辰 卯
대운
丙 丁 戊 己 庚 辛 壬 癸 甲 乙
午 未 申 酉 戌 亥 子 丑 寅 卯
97 87 77 67 57 47 37 27 17 7
格局 (食傷)財星生官星格
心性體質 財星 (A)
이성적인 의식 실용주의적 의식
꿈 권위
본능적인 행동 물질지향적인 행동
오행
木星 1.84 水星 1.20 土星 1.06 火星 0.40 金星 0.30
천간운순위
1 木星 2 火星 3 土星 4 金星 5 水星
지지운순위(대운)
1 木星 2 火星 3 水星 4 金星
지지운순위(세운)
1 木星 2 火星 3 水星 4 金星
합충 卯戌 辰戌
특징
격국크기 중중상
사주운세
我(자신) 財情(사랑) 成功(출세) 性(섹스) 家庭(가정) 기타 메모
사주방정식 운수분석 세운 월운 일운
일주강약 1.36 (身强)
음기 1.5
양기 2.24
중성 1.06
오신
용신 木星 財星
희신 火星 官星
기신 金星 比劫
구신 水星 食傷
한신 土星 印星
진용신 1약신 2약신
방정식 해석
木星이 土星을 억제
火星과 金星이 구제오행
火星을 선택
水星이 火星을 억제
木星과 土星이 구제오행
木星을 선택
사주방정식
火 木 土 水 金 木 金 土

6번 케이스에 속하는 진중권 교수의 명식이다.

우리는 흔히 '저 사람이 변했다', '왜 변했을까?,' '어떤 계기가 있었을 거야' 등등 근거 없는 말들을 한다. 그런데 우리의 생각과 행동을 지배하는 에너지가 존재하고 있다는 것을 알면… 어떤 말들을 할까? 이 세상에 태어날 때, 사람은 개인마다 고유의 우주에너지를 지닌다. 그 오행에너지의 수치와 음양의 비율을 공식(녹현방정식)에 따라 전개하면 당사자의 생각과 행동 그리고 꿈 성향을 알 수 있다. 그리고 대운의 흐름에 따라 생각이 바뀌는 것도 파악이 된다. 따라서 사람 자신이 일부러 생각을 바꾸는 것이 아니라, 에너지에 의해 생각마저도 변하는 것이다.

의식 성향	무의식 성향	꿈 성향
타고난 의식: 실용주의 ↕ 전환된 의식: 명분주의	현실형 (프로그램에서는 물질형으로 표시)	권위형

그런데 진중권 교수는 의식 성향과 무의식 성향이 같은 관계로 자신도 모르는 사이에 언행불일치의 모습을 보인다. 즉 말로는 자신의 주장을 강하게 밀어붙이지만, 행동으로는 남을 따라가는 스타일을 지닌 것이다.

즉 말(생각)로써 모든 사람들의 이목을 집중시켜 자신의 인기를 올려놓고 싶어 한다. 그러자면 남들과는 다른 이야기를 해야 한다. 남들과 같은 이야기를 하면 이목을 집중시키기 어렵기 때문이다. 그래서 모두가 그렇다고 할 때 진중권 교수는 아니라고 주장하는 것이고, 그것을 자신만의 논리로 입증해 보이려고 그래서 무리한 논리가 나오고 남들과 다투는 것이라 생각한다.

그리고 실용주의 의식이란 짧고 굵게 살다가 가는 것, 재밌고 즐거워야 하는 것 등이다. 그런데 진중권 교수는 언행일치가 안 되는 고로, 생각으로는 타고난 의식인 실용주의적인(최고의, 가장 멋진, 아름답고 화려한, 낭만적이고 예술적인, 멋진 이성친구들과 함께 파티를 하는 등) 이러한 생각을 해야 할 텐데, 대운이 3~4등으로 흐르다 보니 전환된 의식인 명분주의의 영향을 받아 자신만의 명분에 맞지 않으면 무조건 거부하는 사람으로 변한 것이다. 그럼에도 행동적으로는 의리 있게 드러낸다.

진중권 교수는 보수니, 진보니 정할 필요가 없다. 언제 어디서든 자신의 명분에 맞지 않으면 남에게 상처 주는 말이나, 듣기 싫은 말들을 거리낌 없이 할 것이기 때문이다. 그저 자신이 주목받고자 말이다.

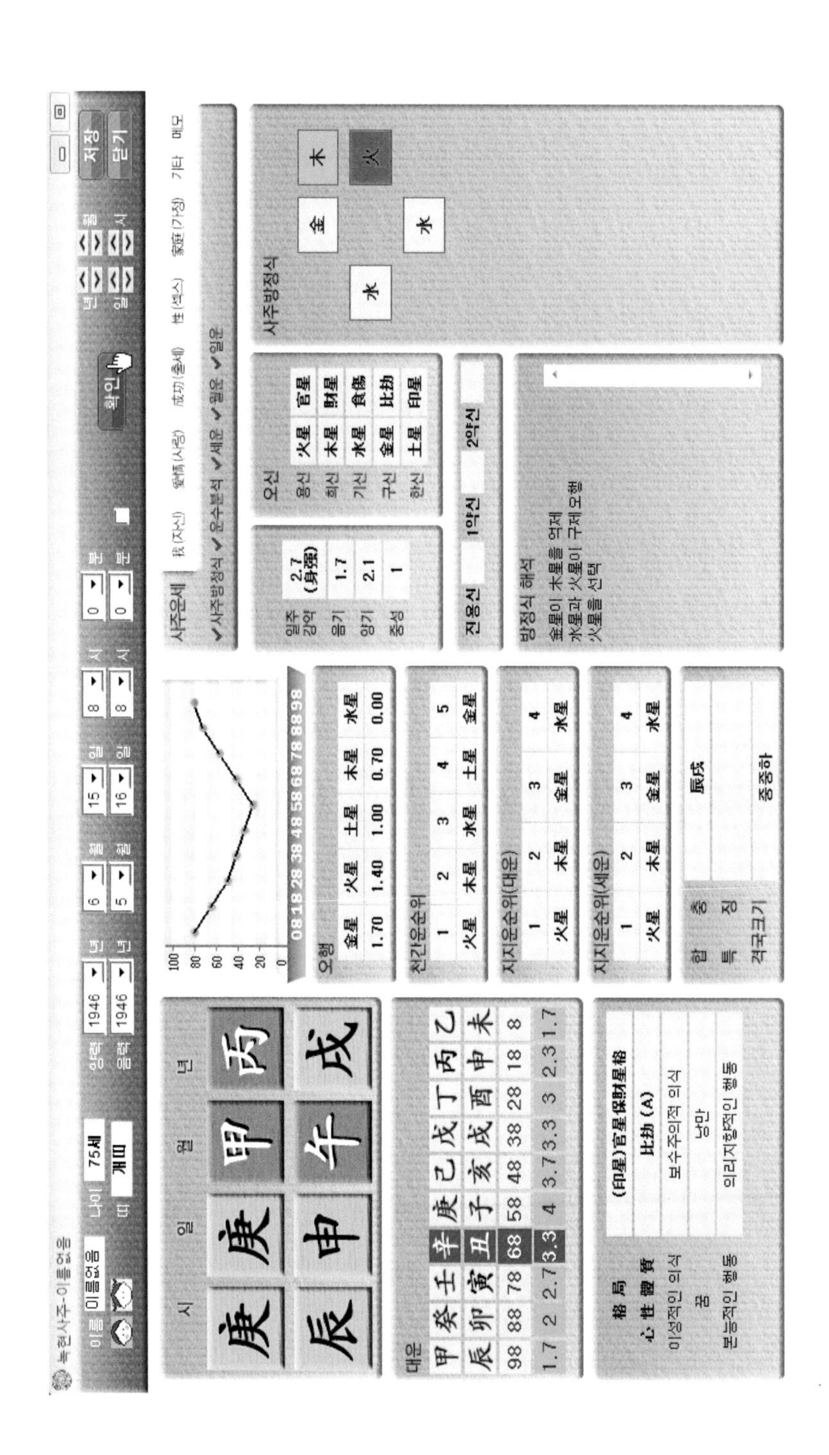

5번 케이스에 속하는 미국대통령 트럼프의 명식이다.

미국 대통령 트럼프의 사주를 살펴보겠다.

의식 성향	무의식 성향	꿈 성향
타고난 의식: 보수주의 ↕ 전환된 의식: 모험주의	의리형	감성형

지구촌 최강의 대통령이 사사로운 발언이나 정제되지 못한 발언들을 많이 하고, 해서는 안 되는 무력시위 등도 거리낌 없이 하고, 자신의 감정을 거침없이 드러내는가 하면, 힘의 논리를 앞세워 경제적으로 이득을 챙기는…. 어쩌면 일방통행식의 통치를 하고 있다.

대운의 흐름은 태어나 68세까지는 타고난 의식인 보수주의 영향보다는 전환된 의식인 모험주의 영향을 많이 받았고, 그 후부터는 타고난 의식인 보수주의 영향을 받는다. 그래서 과거 68세까지는 모험주의 의식에 의리형 무의식으로 살아온 것이다.

모험주의 생각이란 '틀에 박히지 않는, 본능(性)에 충실한, 모험을 즐기는, 행동으로 보여주려는, 카리스마가 뿜어 나오는, 일탈을 일삼는, 마초 같은 모습으로, 예측하기 어려운' 생각들이다. 그러나 행동은 의리형이라서 '공적인 모습보다는 사적인 모습을 중시하는' 그래서 공식적인 라인보다는 사적인 라인이나 사적인 인연을 중시하는 SNS 정치를 하는 것일지도 모른다.

지금도 남북한 전쟁의 종전이라는 큰 사건도 아무렇지 않게 말하고, 공정한 무역보다는 사사로운 방법으로 각 나라를 압박하고, 여

차하면 무력시위나 한다고 말하고, 무역 전쟁이나 벌이고, 정말 정신 없는 대통령인 것이다.

그럼에도 불구하고 68세 이후 타고난 의식인 보수주의 영향을 받는 탓에 미국 대통령이 된 것 같다. 그래서 전보다는 조금 나아진 모습이라고 할 것이다. 만약 한반도 문제를 잘 처리한다면, 노벨평화상도 받을 수 있을 것이다. 나이가 들어도 대운이 좋으니 말이다.

트럼프의 무의식 성향이 의리형이라서 외교적으로 그를 다루어야 한다면, 공식적인 채널보다는 개인적인 채널을 이용해야만 그와 가까워질 수 있다. 그리고 의리형은 건강을 무진장 생각한다. 개인적으로 그와 가까워진다면 몸에 좋은 것들을 선물하면 무진장 좋아할 것이다. 종교 이용도 가능하다. 공식적으로는 친한 것 같지 않더라도 사적으로 다가가면 트럼프 대통령은 그런 만남을 매우 소중히 여긴다. 우리는 그를 잘 활용하여 남북통일을 이뤄야 한다.

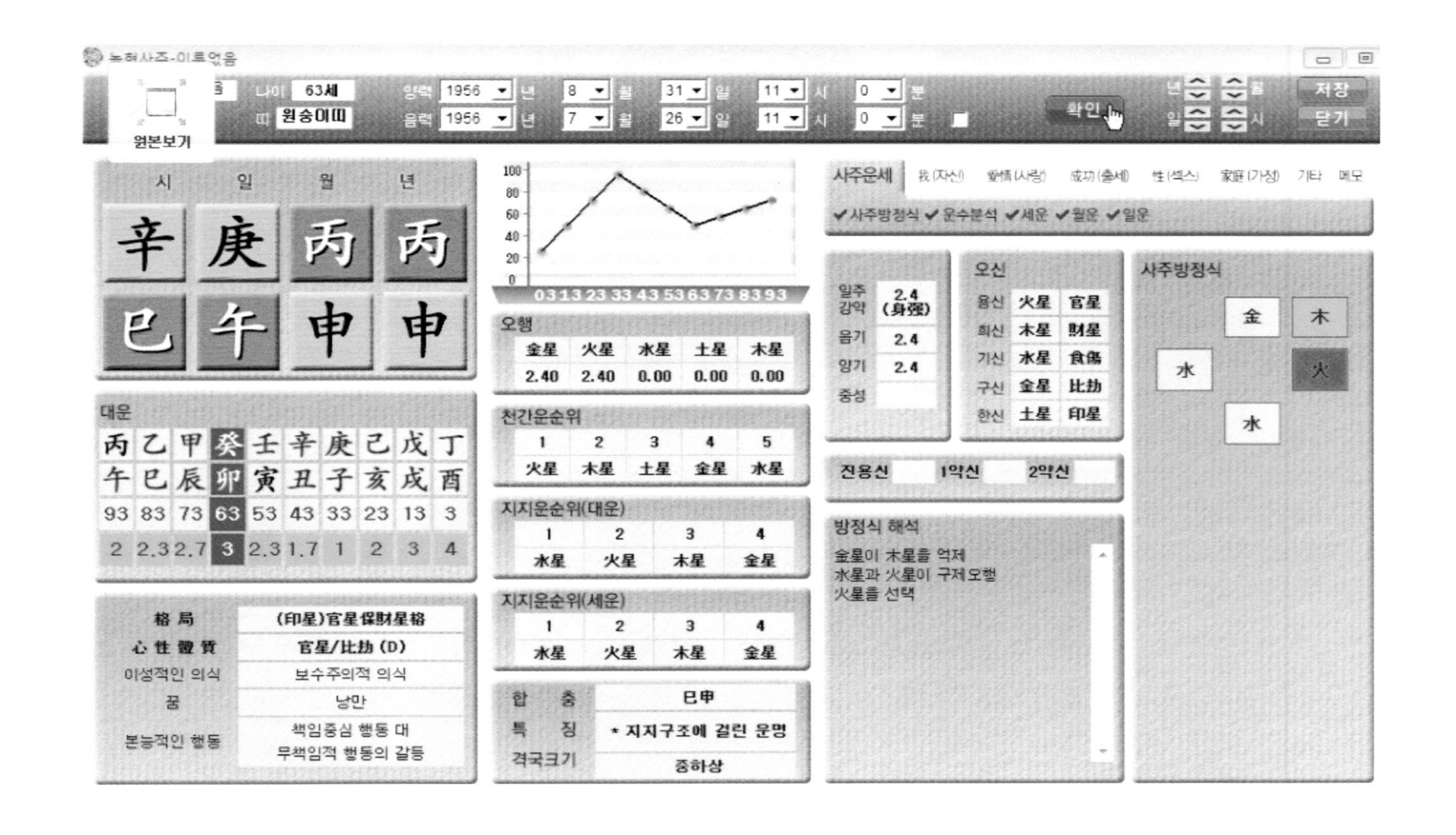

원본보기
나이 63세
띠 원숭이띠
양력 1956 년 8 월 31 일 11 시 0 분
음력 1956 년 7 월 26 일 11 시 0 분
확인
저장
닫기
시 일 월 년
辛 庚 丙 丙
巳 午 申 申
03 13 23 33 43 53 63 73 83 93
오행
金星 火星 水星 土星 木星
2.40 2.40 0.00 0.00 0.00
천간운순위
1 2 3 4 5
火星 木星 土星 金星 水星
지지운순위(대운)
1 2 3 4
水星 火星 木星 金星
지지운순위(세운)
1 2 3 4
水星 火星 木星 金星
합 충 巳申
특 징 * 지지구조에 걸린 운명
격국크기 중하상
대운
丙 乙 甲 癸 壬 辛 庚 己 戊 丁
午 巳 辰 卯 寅 丑 子 亥 戌 酉
93 83 73 63 53 43 33 23 13 3
2 2.3 2.7 3 2.3 1.7 1 2 3 4
格局 (印星)官星保財星格
心性體質 官星/比劫 (D)
이성적인 의식 보수주의적 의식
꿈 낭만
본능적인 행동 책임중심 행동 대 무책임적 행동의 갈등
사주운세
我(자신) 愛情(사랑) 成功(출세) 性(섹스) 家庭(가정) 기타 메모
사주방정식 운수분석 세운 월운 일운
일주강약 2.4 (身强)
음기 2.4
양기 2.4
중성
오신
용신 火星 官星
희신 木星 財星
기신 水星 食傷
구신 金星 比劫
한신 土星 印星
진용신 1약신 2약신
방정식 해석
金星이 木星을 억제
水星과 火星이 구제오행
火星을 선택
사주방정식
金 木 水 火 水

3번 케이스에 속하는 노회찬 국회의원의 명식이다.

정의당 노회찬 의원은 그 누구도 예상치 못한 일로 세상을 등지고 말았다. 왜 그런 일이 일어나야만 했는지 살펴보겠다.

의식 성향	무의식 성향
타고난 의식: 보수주의 ↕ 전환된 의식: 모험주의	신분형

심리주기는 20대 전까지 전환된 의식인 모험주의 영향을 받다가, 20대 이후부터 50대 전까지는 타고난 의식인 보수주의 영향을 받았다. 그 이후 다시 전환된 모험주의 의식의 영향을 받는 매우 변화가 많은 운명이라 할 수 있다.

특히 무의식 성향이 신분형이라는 것은 본능적으로 태어났을 때부터 자신의 신분이 남보다 낮다고 느끼기에 남들보다 나은 신분을 갖고자 애쓰는 성향이다. 노무현 대통령의 무의식 성향은 명분형이라서 '신분이나 이름에 걸맞게 지켜야 할 도리'에 어긋날 경우엔 얼굴을 들고 살 수가 없으며, 신분형은 '개인의 사회적 지위나 자격'을 갖추지 못할 경우 얼굴을 들고 살 수가 없는 것을 뜻한다.

이렇듯 무의식 성향이 명분형(노무현), 신분형(노회찬), 재물형(안철수), 권리형(도올 김용옥), 도덕형(?)인 사람들은, 심리주기(대운)와 상관없이 본능적으로 지향하는 성향이 무너질 경우 언제든 세상을 미련 없이 떠날 수 있다.

권리형인 필자는 '어떤 일을 주체적으로 자유롭게 처리하거나 타인에 대하여 당연히 주장하고 요구할 수 있는 자격이나 힘'이 사라질 경우에 세상을 미련없이 등질 수 있다. 신분형으로 태어난 노회찬 의원의 명복을 다시 빌어 본다.

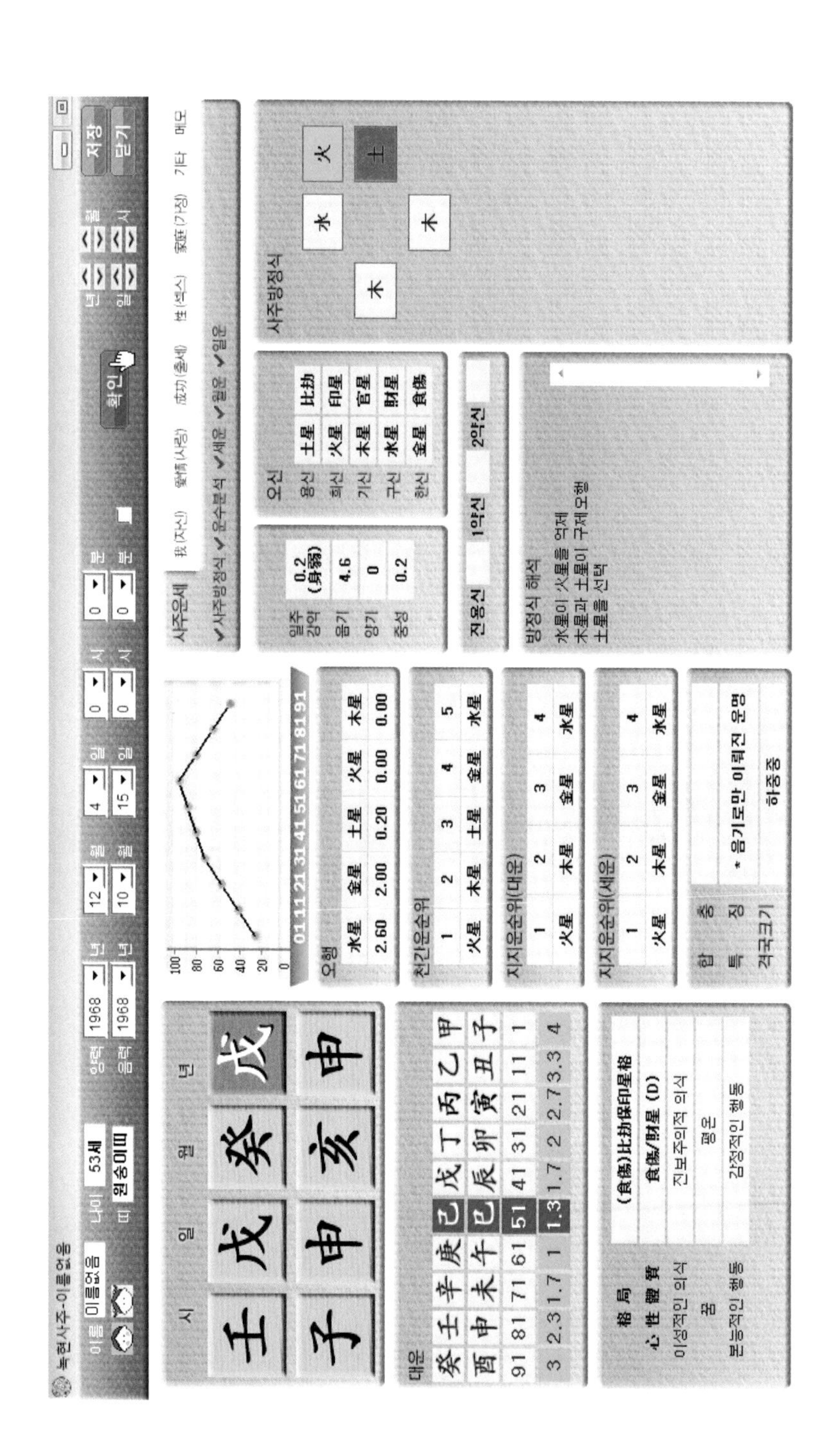
녹현사주-이름없음
이름 이름없음 나이 53세
띠 원숭이띠
양력 1968 년 12 월 4 일 0 시 0 분
음력 1968 년 10 월 15 일 0 시 0 분
확인
저장
닫기
시 일 월 년
壬 戊 癸 戊
子 申 亥 申
대운
癸 壬 辛 庚 己 戊 丁 丙 乙 甲
酉 申 未 午 巳 辰 卯 寅 丑 子
91 81 71 61 51 41 31 21 11 1
3 2.3 1.7 1 1.3 1.7 2 2.7 3.3 4
格局 (食傷)比劫保印星格
心性體質 食傷/財星 (D)
이성적인 의식 진보주의적 의식
꿈 평온
본능적인 행동 감정적인 행동
01 11 21 31 41 51 61 71 81 91
오행
水星 金星 土星 火星 木星
2.60 2.00 0.20 0.00 0.00
천간운순위
1 2 3 4 5
火星 木星 土星 金星 水星
지지운순위(대운)
1 2 3 4
火星 木星 金星 水星
지지운순위(세운)
1 2 3 4
火星 木星 金星 水星
합
충
특징 * 음기로만 이뤄진 운명
격국크기 하중중
사주운세 技(자식) 愛情(사랑) 成功(출세) 性(섹스) 家庭(가정) 기타 메모
✔사주방정식 ✔운수분석 ✔세운 ✔월운 ✔일운
일주강약 0.2 (身弱)
음기 4.6
양기 0
중성 0.2
오신
용신 土星 比劫
희신 火星 印星
기신 木星 官星
구신 水星 財星
한신 金星 食傷
진용신 1약신 2약신
방정식 해석
水星이 火星을 억제
木星과 土星이 구제오행
土星을 선택
사주방정식
水 火
木 土
木

3번 케이스에 속하는 딴지일보 김어준 총수의 명식이다.

김어준 총수는 어릴 때부터 부모의 간섭을 받지 않고 자랐다고 한다. 유년기를 미국에서 보냈으며, 10년간 살다가 중학교를 다니던 중에 한국에 돌아왔다고 한다. 미국에서 한국 중학교로 전학을 오자마자 전교 1등을 했고, 키 크고 잘생긴 외모라 별명이 테리우스가 되었다고 한다. 고등학교 당시 우등생이었으며 서울대학교에 들어가고 싶어 삼수까지 했으나 모두 실패하고, 홍익대학교 전기제어공학과로 진학했다고 한다. 훗날 그는 본인의 저서 『건투를 빈다』에서 '서울대에 갔더라면 세상의 수많은 가치 중 겨우 공부 하나 잘하는 걸 가지고 스스로 존재 자체가 우월하다고 믿는 어린 편협하고 유치한 멘탈리티에 사로잡혔을 것'이라며 '서울대에 떨어진 것이 다행이다'라고 밝혔다.

대학 당시에는 흔히 말하는 운동권과 같은 활동은 거의 없었으며, 당시의 대학생들과 별다를 것 없는 대학생활을 지냈다고 한다. 졸업 후 포스코에 입사했으며, 대학생활 중 흔히 말하는 사고를 친 적 없는 평범한 모습을 견지했다고 한다. 하지만 대학 시절 배낭여행을 많이 다녔다고 한다. 근 50여 개국 이상의 나라를 여행하면서 많은 경험과 견문을 넓혔다고 한다.

포스코를 8개월 만에 자기 발로 박차고 나왔는데, 나온 이유가 하는 일에 비해 너무 많은 돈을 받는 거 아니냐는 자괴감과, 어느 날 새벽까지 이어진 회식 후 본인을 포함한 신입들에게 간부가 회사에 일찍 나오라고 무리한 요구를 했다는 것이었다고 한다. 당시 김어준은 하루에 2~3시간밖에 주어지지 않아 잠을 아예 자지 않고 집에 가서 샤워만 하고 옷만 갈아입고 회사로 갔다고 한다. 그런데 그런 생활을 요구한 간부가 먼저 출근해 있어서 놀랐다고 한다. 사원들 군기를 잡기 위해 본인이 더 먼저 회사에 나와서 가오를 잡던 간부가 스스로 그런 자기 행동에 대해 진심으로 만족하는 표정과 태도를 보는 순간, 끔찍함을 느꼈다고 한다. 결국, 스스로 직장 후배들 인권뿐만 아니라 간부 자신의 인권까지 파괴하면서도 자기가 하는 게 그런 것인 줄 인지하지 못하는 데다가, 그 간부를 보고 있으면 자신의 미래를 보는 것 같아서 비참하다 못해 무서웠다고 한다.

이후 여러 회사를 전전하다 IMF 때 정리해고를 당한 후, 1998년 딴지일보를 창간했다고 한다. 원래 딴지일보는 김어준 개인 사이트로 시작을 했고, 스스로 기사를 만들고 홈페이지 디자인을 하고 코드를 짜는 등 혼자서 모든 것을 다 했다고 한다. 처음엔 아무도 방문을 안 해서 스스로 조회수를 올리는 짓도 했다고 한다. 결국 입소문을 타고 방문객 수가 기하급수적으로 늘어나면서 1999년 언론사 영향력 순위에서 당당히 17위에 오르는 기염을 토했다고 한다.

김어준 총수는 딴지일보를 준비할 때 결혼을 했고, 그 후 이혼했다고 한다. 결혼에 대한 비화가 있는데 진실인지는 모르겠다.

> 그는 아버지를 찾아뵙고 "저 다음 달에 결혼해요." 라고 말했다. 아버지가 "그래?"라고 되물으며 축하한다는 답변을 남겼다. 그러나 그의 아버지는 결혼식 때 축의금으로 50만 원 낸 게 다였다. 이들

부부는 이들끼리 결혼하고 이들끼리 살았다. 명절에는 한 번도 부인을 본인 집에 데려간 적이 없었다. 그는 부인에게 "우리 집 조상이니까 나만 가면 된다. 너는 너희 집에 가라"라고 했다. 물론 본인도 처갓집에 가지 않았다. 시댁이고 처갓집이고 가지도 않고 서로 전화도 안 했다. 그렇게 살다가 어떤 이유로 이혼하게 됐다. 이혼한 지 3년인가 지난 후에 명절에 집에 갔더니 어머니가 처음으로 며느리 안부를 물으셨다. "그래 걔는 요즘 잘 있니?" 그는 헤어졌다고 답했다.

이처럼 보통사람들과는 많이 다른 삶의 궤적을 그리며 살아온 김어준 총수! 그는 '나는 꼼수다'와 2011년 5월 지승호와 가진 대담을 글로 옮긴 저서인 『닥치고 정치』에서 향후 국내 정치의 흐름에 대해 여러 가지 예측을 했다. 한 치 앞을 내다보기 힘든 대한민국 정치지형 특성상 이런 류의 예측을 너무 진지하게 받아들이면 곤란하나, 김어준 총수의 경우에는 그 적중률이 꽤 높아 컬트적인 인기를 불러일으켰다. 물론 그에 따른 논란도 불가피한지라, 그가 했던 주요 예언(?)들을 살펴보겠다.

- 진보신당에서 노회찬과 심상정은 탈당할 것이다. (2011년 6월)
- 한나라당 전당대회에서 대표는 홍준표가 될 것이다. (2011년 7월)
- 오세훈은 무상급식에서 져서 사퇴할 것이다. (2011년 8월)
- 2011년 10월 26일 서울시장 보궐선거 당시 보종의 세력(한나라당)이 선관위 홈피를 공격한다.
- 민주노동당과 국민참여당은 합당할 것이다. (2011년 12월)

- 진보신당의 일부는 끝까지 국민참여당과의 합당을 반대할 것이다.
- 문재인 후보가 박근혜 후보의 대척점이 되기 때문에 대통령이 될 것이다. (나는 꼼수다 5회)

대부분의 예측이 김어준 총수의 장담대로 흘러가긴 한다. 서울시장 오세훈이 무상급식에 올인한 것은 누가 봐도 정치적인 패착이었으나, 보수단체 측에서조차 그가 정말로, 그렇게까지 전격적으로 사퇴하리라고 여긴 사람은 드물었다고 한다.

도대체 김어준 총수는 어떤 사주팔자를 타고났기에 평범하지 않은 삶을 살고, 많은 사람들의 관심을 받고 있는지 살펴보자.

의식 성향	무의식 성향
타고난 의식: 진보주의 ↕ 전환된 의식: 신분주의	쾌락형

심리주기는 70세가 넘을 때까지 1~2등으로 흐르므로 과거, 현재, 미래의 삶에서 똑같은 의식 성향을 유지하면서 살 것이다.

진보주의적인 의식은 '남의 간섭이나 구속을 받지 않고자, 자신만의 전문적인 재능(기능)을 살리고자, 가치와 의미 있게 살고자, 곧 죽어도 자존심으로 버티고자, 어깨가 가볍게 살자는, 기성세대나 기존 체제에 반발하고자, 모두가 평등해 누릴 수 있는 권리를 다 누리고자' 등이다.

쾌락형의 무의식은 '즉흥적으로 살자, 충동적으로 살자, 감정적으로 살자, 인내하거나 참지 말자, 마음이 가는 대로 살자, 도시남처럼 살자, 늘 재밌고 즐겁게 살자' 등이다.

한마디로 생각은 모두가 편하고 문명의 이기를 맛볼 수 있는 새로운 세상을 꿈꾸며, 행동은 그때그때 내키는 대로 행동하면서 하고 싶은 것은 다 하면서 살자는 식이다. 이래야만이 김어준 총수가 지금까지 살아온 궤적과 맞아 떨어지지 않을까?

김어준 총수의 미래를 살핀다면…. 다시 결혼은 쉽게 하지 않을 것이며, 지금까지 무질서하게 살아왔고, 앞으로도 그럴 것이라 염려되어 건강에 유념하면서 살아야 할 것 같다. 특히 소화기와 심장 계통을 조심해야만 한다. 그 점만 주의한다면, 항상 우리들을 시원하게 해주는 사이다 역할을 언제까지고 할 수 있을 것이라고 추론한다.

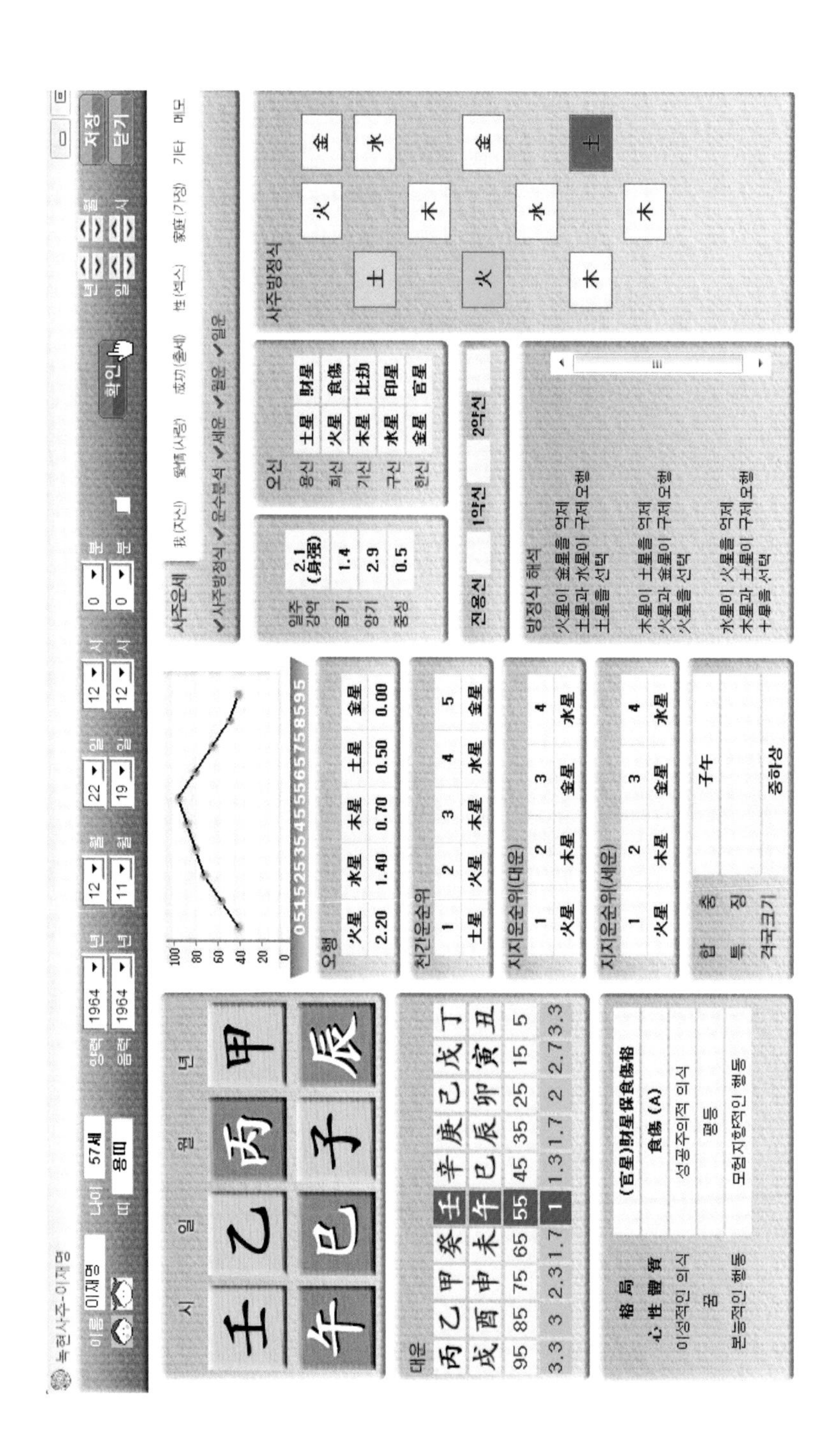

누런사주-이재명
이름 이재명
나이 57세
띠 용띠
양력 1964 년 12 월 22 일 12 시 0 분
음력 1964 년 11 월 19 일 12 시 0 분
확인
저장
닫기
시 일 월 년
壬 乙 丙 甲
午 巳 子 辰
대운
오행
천간운순위
지지운순위(대운)
지지운순위(세운)
사주운세
오신
진용신
방정식 해석
사주방정식

요즘 들어 차기 대통령 후보군에 이름을 올린 성남시장 이재명 시장의 명식과 뇌구조다.

〈성남시장 이재명의 뇌구조〉

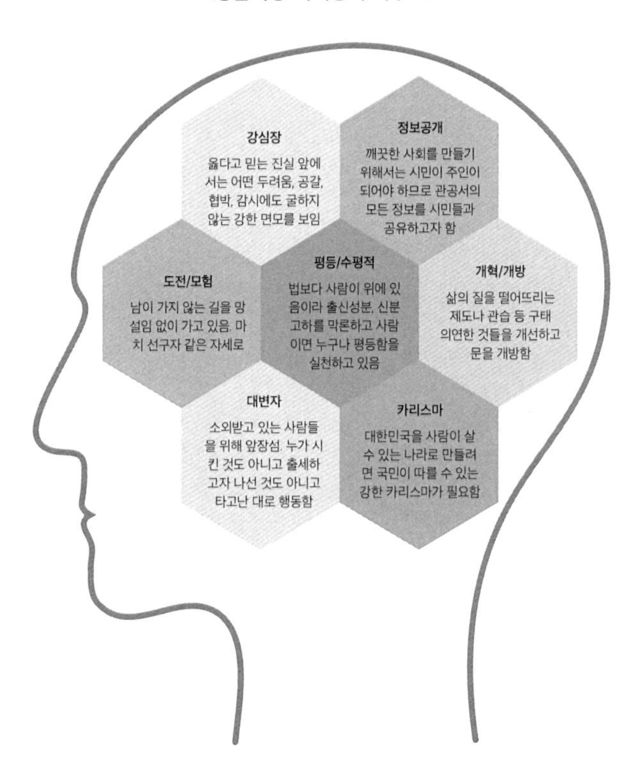

의식 성향	무의식 성향	꿈 성향
타고난 의식: 성공주의 ↕ 전환된 의식: 이상주의	모험형	도전형

심리주기는 태어나 60세까지 타고난 의식인 성공주의의 영향을 받는 흐름이다. 무의식 성향이 모험형이라서 성공하더라도 자신만의 능력을 만천하에 보여주고, 자신만의 색깔을 강하게 내뿜는 스타일이다. 모험형은 '평등, 봉사, 희생, 반발, 개혁, 혁신, 개방, 서구적, 융통성, 아이디어' 등과 관련이 깊다.

그래서 자신이 책임진 성남시의 시민들을 위해 자신이 하고자 하는 것의 120%를 실험하고 있는 것이다. (2015년 5월)

심리주기가 첫 번째 대운만 4등이고, 두 번째 대운부터 일곱 번째 대운까지 2등과 1등이므로 의식의 변화가 크지 않은 인생이다. 그래서 자신이 속한 곳에서 남들보다 성공하자는 생각을 하지만, 모습(행동)으로는 모험형으로 '남의 밑에서 지시를 받기보다는 위에서 지시를 하는, 국민들을 위해 봉사할 수 있는 전문적인 직종에서, 기득권자들과 맞서 싸우는, 국민만을 바라보고 나아가는, 몸을 사리기보다는 스스로 몸으로 맞서는' 모습이다.

그의 일생을 살펴보자.

빈농의 자식으로 태어나 초졸 소년공으로 사회생활을 시작했다. 그리고 검정고시로 중앙대 법대에 입학했다. 장학금으로 공부하면서 변호사가 됐다. 예전 소년공으로 일하다가 몸을 다쳐 장애를 지닌 탓에 취업이 힘든 자신에게 고시공부만이 살 길이라는 생각으로 사법시험에 도전했다고 한다. 1986년 제28회 사법시험에 합격했지만, 기뻐할 새도 없이 며칠 후 부친상을 당했다고 한다.

1988년 사법연수원생 시절 노무현 변호사의 강연에 감명받았고,

군이 판검사를 안 해도 먹고 살 수 있구나란 생각, 그리고 인권변호사로서 살고 싶다고 생각했다고 한다. 결국 변호사 겸 성남 지역 시민운동가로 활동하였으나, 초반에는 돈을 벌지 못했다고 한다. 노동운동이나 인권과 관련된 변호 활동을 위주로 해서 말이다. 문민정부 집권 이후 고문이나 시위 강제진압들이 사라지면서 1995년 본격적으로 시민운동가가 됐었다고 한다.

2004년, 이재명 도지사가 유명해진 사건이 있었는데, 당시 성남시민들이 공공 의료원을 설립하는 것을 목표로 국내 최초로 2만 명이 주민 발의 조례를 한 일이 있었다. 당시 주민이 시 의회에 장장 1년을 준비한 해당 조례를 넘기자 47초 만에 날치기로 심의 자체가 거부되었다고 한다. 당시 이재명 도지사는 주민 대표 중 한 명이였는데 이 당시 성남시민들과 의회에서 항의를 하는 과정에서 회의 속개를 진행하고 의회를 나간 의원들을 붙잡으러 다니다가 30여 명이 같이 연행되며 특수공무집행방해 및 공용물건손상죄를 선고받았다고 한다. 당시 이재명 도지사가 흘린 눈물이 현재도 자주 화제가 되는데, 이재명 도지사는 부결까지는 예상하고 있었지만 심의 자체가 거부당하자 마음속에서 울분과 허망감이 나와 울음을 흘렸던 것이라고 회고하였다. 이후 교회 지하실에서 지인과 도시락을 먹으며 또 울다가 성남시장이 되어 시립의료원을 만들자고 결심을 했다. 여담이지만 이재명 도지사는 생각보다 자주 눈물을 흘리는데, 이 때문에 인간스럽다는 평과 더불어 외강내유라는 말을 듣기도 했다.

성남시에서 변호사로 활동하다가 2006년 지방선거 즈음하여 열린우리당에 입당하여 단수 공천으로 성남시장 후보로 출마한다. 그러나 전직 시장인 한나라당 이대엽 후보에 밀려 낙선했고, 2008년 제18대 국회의원 선거에 통합민주당후보로 경기도 성남시 분당구 갑 선거구에 출마하였으나, 현역 지역구 국회의원인 한나라당 고흥길 후보에 밀려 낙선했다. 2010년 6월 2일 지방선거에서 민주당 소속으로 경기도 성남시장 선거에 출마해 51.2%의 득표율을 얻어 당선되었고, 2014년 6월 4일 지방선거에서도 55.1%의 득표율을 얻어 재선에 성공했다. 심지어 부자동네라 불리는, 서울의 강남권에도 비견되는 보수정당 강세지역인 분당구에서도 승리하는 저력을 보여줬다.

다른 한편으로는 계파와 상관없이 독자적인 행보를 보이며 자신이 시장으로 있는 성남시의 시민들과 SNS 등을 이용하여 활발하게 소통하고 정치적인 이슈들에 대해서도 자신의 의견을 적극적으로 말하는 편이라고 한다. 2010년대 중반에 들어서는 대통령 문재인과도 자주 만나는 등, 정치적인 행보를 넓히고 있는 중이다. 이재명 도지사는 2016년 10월 즈음에 검찰에 고발되었을 때 대통령 문재인이 자신의 SNS를 통해 직접 이재명 도지사를 응원했다고 한다.

정치인 정동영을 따라 대통령 노무현의 반대파로 보일 수 있지만, 자신의 SNS를 통해 자신은 노무현 대통령과 친분이 있는 사이는 아니었지만, 반칙과 특권 없는 세상, 다함께 행복한 세상 같은 노 전 대통령의 정신을 존중하는 것을 본다면 자신은 친노 인사가 맞다고 밝히기도 했다. 그리고 자신은 노무현을 뛰어넘는 가치를 추구하기 때문에 제2의 노무현이 아닌 이재명이라고 한다. 하지만 사실 열린우리당에 입당했었다는 것 외에는 노무현 대통령과의 특기할 만한 인연이나 접점이 없고 성남시장을 거치며 대선후보로 떠오르는 배경에서도 딱히 친노 인사들의 지원을 받거나 한 것이 없기 때문에 친노 인사로 분류하는 언론은 없다. 대통령 노무현을 존경한다는 건 선배 인권변호사이자 민주당이 배출한 전직 대통령에 대한 존경의 의미라고 해석할 수 있을 것이다. 이재명 도지사가 노무현 대통령에 대한 발언 중에는 지금도 자주 인용되는 다음과 같은 말을 남긴 적이 있다. "내가 노무현 대통령을 보면서 타산지석으로 배운 게 있다. 노무현 대통령은 너무나 착해서 상대방도 나처럼 인간이겠거니 하며 믿고 말았다. 하지만 저것들은 인간이 아니다.", "지금의 한국 사회의 혼란은 어설픈 관용과 용서가 부른 참극이다."

아무튼 그는 성남시장이 된 후 성남 시민들을 위한 정책을 이명박, 박근혜 정부가 반대해도 과감히 펼쳐 국민들에게 능력을 인정받아 경기도지사 선거에서 승리하는 기쁨까지 맛보았다. 마침내 19대 대통령 선거에 민주당 후보로 나설 수 있었다.

이재명 도지사 운명 역시 이명박 대통령처럼 무의식 성향과 꿈 성향이 같은 성향이다. 이명박 대통령은 財星(재성)으로 돈을 의미하지만, 이재명 도지사는 食傷(식상)이라고 해서 오로지 혁신과 봉사다. 즉 오로지 자신보다 못났거나 낮은 사람들을 위해 혁신과 봉사로 자신의 삶을 바치겠다는 것이다. 자신의 도움이 절실히 필요한 국민들을 위해서 말이다.

초반 타고난 의식의 영향(1, 2등)을 받다가 중반 이후 전환된 의식의 영향(3, 4등)을 급격하게 받는 경우(대운 그래프 참조)

운이 급격하게 하강한다는 것은 의식의 변화가 급하게 이뤄진다는 것이다. 타고난 의식의 영향을 받고 살다가, 전환된 의식의 영향을 받고 살기 시작한다는 의미다. 경험으로 비춰 30대와 40대에 의식의 변화가 오는 운명의 소유자가 가장 만족스럽지 못한 삶을 산다. 그리고 누구는 의식의 변화가 있었는지도 모르고 지낼 수 있고, 누구는 의식의 변화가 이뤄져도 생활에까지 접목시키지 않는다.

운이 급격하게 하강한다는 것은, 어릴 적부터 1등이나 2등의 운에 머물러 있다가, 사회활동을 한창 할 시기에 3등이나 4등의 운 순위로 맞이하는 경우다. 아래 도표를 참고하라.

〈대운순위 도표〉

1번

대운									
壬	辛	庚	己	戊	丁	丙	乙	甲	癸
申	未	午	巳	辰	卯	寅	丑	子	亥
99	89	79	69	59	49	39	29	19	9
1.7	2.3	3	3.3	3.7	4	3.3	2.7	2	1.7

2번

대운									
癸	壬	辛	庚	己	戊	丁	丙	乙	甲
未	午	巳	辰	卯	寅	丑	子	亥	戌
91	81	71	61	51	41	31	21	11	1
3	4	3.7	3.3	3	2.7	2.3	2	1.7	1.3

3번

대운									
戊	丁	丙	乙	甲	癸	壬	辛	庚	己
子	亥	戌	酉	申	未	午	巳	辰	卯
93	83	73	63	53	43	33	23	13	3
3	3.3	3.7	4	3	2	1	1.3	1.7	2

4번

대운									
甲	癸	壬	辛	庚	己	戊	丁	丙	乙
申	未	午	巳	辰	卯	寅	丑	子	亥
99	89	79	69	59	49	39	29	19	9
3.7	3.3	3	2.7	2.3	2	1.7	1.3	1	2

1. 대운 세 번째까지는 1~2등이었다가 네 번째부터 3~4등
2. 대운 네 번째까지는 1~2등이었다가 다섯 번째부터 3~4등
3. 대운 다섯 번째까지는 1~2등이었다가 여섯 번째부터 3~4등
4. 대운 여섯 번째까지는 1~2등이었다가 일곱 번째부터 3~4등

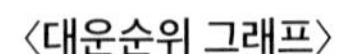
〈대운순위 그래프〉

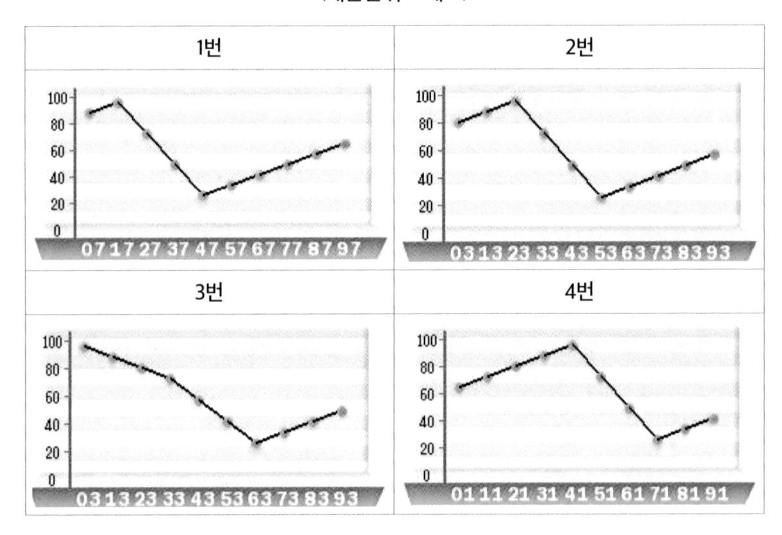

급격하게 운이 하강하는 경우는 네 종류다. 이 중 가장 많은 당혹감과 실망감을 느낄 수 있는 소유자는 3번으로, 여섯 번째부터 의식의 전환이 이뤄지는 경우다. 왜냐하면 자기 자신만이 아니라, 자신이 책임진 가족에까지 영향을 미치기 때문이다. 사회적으로도 자신의 위치를 어느 정도 확립했을 때의 변화라, 대인관계까지 영향이 미칠 수 있어서다. 생각해 봐라. 40대 전까지는 타고난 의식의 영향으로, 성공주의는 가족행복과 부귀를 쫓는 방향으로, 보수주의는 인정

받으며 안정적인 방향으로, 진보주의는 자유롭고 구속받지 않는 방향으로, 박애주의는 막강한 대인관계와 인간적인 방향으로, 실용주의는 물질적 풍요와 낭만적인 방향으로 나아가고자 한다. 그런데 40대 후부터는 전환된 의식의 영향으로, 성공주의는 이상주의 의식으로 전환하여 의욕이 상실되고, 보수주의는 모험주의 의식으로 전환되어 즉흥적·충동적이 되고, 진보주의는 신분주의 의식으로 전환하여 무거운 책임을 지고, 박애주의는 개인주의 의식으로 전환되어 세속적인 속물이 되고, 실용주의는 명분주의 의식으로 전환하여 남의 이목이 두려워 인내하는 방향으로 나아가고자 하니 말이다.

그 다음으로 충격이 큰 것은 2번으로, 30대 전과 후에 의식의 전환이 이뤄지는 소유자다. 사회생활을 시작할 때는 타고난 의식의 영향을 받아 나름 자신이 원하는 방향으로 나아가고 있다가, 30대 후부터는 원하지 않는 방향으로 나아가기 때문이다. 가장 크게 문제가 되는 것은 자신의 진로와 결혼문제일 것이다. 다시 시작하는 자세로 돌아가야 하지만, 시간적 여유는 있다. 아직 30대이기 때문이다. 물론 만족스럽지는 않을 것이다. 그러나 어찌하리. 전환된 의식의 영향을 받으면서 평생을 살아가야 하니 말이다. 그래서 40대쯤 의식의 전환이 오는 소유자보다는 한결 시간적 여유는 있다.

그 다음으로 충격을 받는 것은 1번으로, 20대 전과 후에 의식의 변화가 이뤄지는 소유자다. 대학교에 갓 들어갈 무렵 또는 고등학교 졸업 후에 사회생활을 시작할 때쯤이다. 이쯤의 의식변화는 자신도 모르게 이뤄질 수도 있다. 왜냐하면 고등학교 학생 때의 생활과 사회인의 생활도 달라서다. 이처럼 생활의 환경이 바뀔 때 의식의 전환이 이뤄지면 본인이 인지하지 못할 수도 있다. 그래서 중고등학생 때 품었던 미래 삶의 모습이 대학생이나 사회인이 되면서는 전부 사라지고, 현실에 적응하기 위해 애쓰는 자신만 발견한 뿐이다. 그래도 전환된 의식의 영향을 받기에 물질적 풍요를 이루거나, 권위로운 위치에 오르더라도 만족감은 느낄 수 없다. 그저 평생 동안 자신도 모르는 사이에 타고난 의식의 삶을 그리워할 뿐이다.

4번 소유자는 50대에 의식의 전환이 오는 경우다. 수명이 늘어나는 바람에 나이가 들어서도 기초적인 의식주 생활을 걱정하지 않으면 안 되었기 때문이다. 요즘은 고달픈 50대라 부르기도 한다. 쉬어야 할 나이에 자녀문제, 건강문제, 재산문제, 배우자관계, 사회적 위치문제, 노후대비문제 등 이루 말할 수 없을 만큼 많다. 그래서 30대나 40대에 의식의 전환이 이뤄지는 것보다는 한층 더 조심스럽다. 그렇기에 누구나 다 의식의 전환을 받아들여 생활에 변화를 주기보다는, 무의식 성향에 따라 누구는 생활이 바뀌고, 누구는 바뀌지 않을 수도 있다.

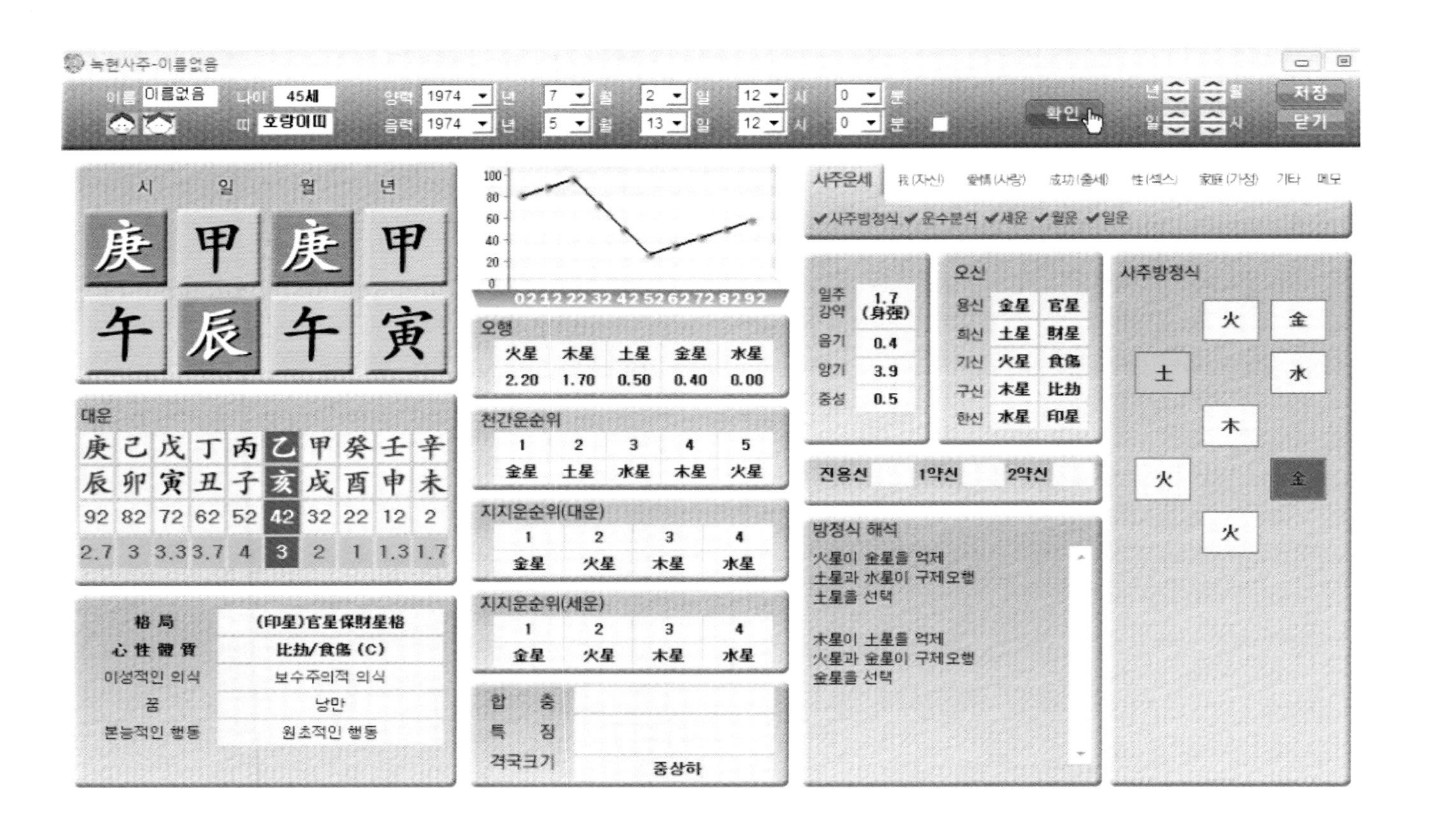

녹현사주-이름없음
이름 이름없음
나이 45세
띠 호랑이띠
양력 1974 년 7 월 2 일 12 시 0 분
음력 1974 년 5 월 13 일 12 시 0 분
확인
저장
닫기
시 일 월 년
庚 甲 庚 甲
午 辰 午 寅
0 2 12 22 32 42 52 62 72 82 92
대운
庚 己 戊 丁 丙 乙 甲 癸 壬 辛
辰 卯 寅 丑 子 亥 戌 酉 申 未
92 82 72 62 52 42 32 22 12 2
2.7 3 3.3 3.7 4 3 2 1 1.3 1.7
格局 (印星)官星保財星格
心性體質 比劫/食傷 (C)
이성적인 의식 보수주의적 의식
꿈 낭만
본능적인 행동 원초적인 행동
오행
火星 木星 土星 金星 水星
2.20 1.70 0.50 0.40 0.00
천간운순위
1 2 3 4 5
金星 土星 水星 木星 火星
지지운순위(대운)
1 2 3 4
金星 火星 木星 水星
지지운순위(세운)
1 2 3 4
金星 火星 木星 水星
합 충
특 징
격국크기 중상하
사주운세 我(자신) 愛情(사랑) 成功(출세) 性(섹스) 家庭(가정) 기타 메모
✔사주방정식 ✔운수분석 ✔세운 ✔월운 ✔일운
일주강약 1.7 (身强)
음기 0.4
양기 3.9
중성 0.5
오신
용신 金星 官星
희신 土星 財星
기신 火星 食傷
구신 木星 比劫
한신 水星 印星
진용신 1약신 2약신
방정식 해석
火星이 金星을 억제
土星과 水星이 구제오행
土星을 선택
木星이 土星을 억제
火星과 金星이 구제오행
金星을 선택
사주방정식
火 金 土 水 木 火 金 火

2번 케이스에 속하는 팟캐스트의 선구자 겸 목사인 김용민의 명식이다.

많은 사람의 사랑을 받으면서도 간혹 구설수에 오르는 김용민! 그의 운명이 어떠한지 살펴보자.

의식 성향	무의식 성향	꿈 성향
타고난 의식: 보수주의 ↕ 전환된 의식: 모험주의	진보형	감성형

심리주기가 30대부터 하락하는 바람에 의식의 전환이 이뤄진다. 30세 전까지는 보수주의 의식의 영향을 받아오다가, 30세 후부터는 그것과는 정반대가 되는 모험주의 의식의 영향을 받게 된다. 이렇게 이른 나이에 의식의 전환이 이뤄진다는 것은 사회생활을 막 시작할 때쯤이다.

그래서 그런지 나무위키에는 '목사집안에서 자라나서 원래는 보수 성향이었다고 한다. 1997년 대선에서는 이회창을 찍었다고. 그래서 그런지 1998년 대학을 졸업하고 극보수적인 극동방송 PD로 입사함으로써 언론인 생활을 시작한다. 하지만 이때 교계 정보를 접하면서 보수 기독교계의 폐해를 목격한 것이 진보 성향으로 전향하는 계기가 되었다.'라고 쓰여 있다.

참으로 신기하다. 김용민 목사는 자신이 타고난 우주에너지 비율과 심리주기로 인해 의식의 전환이 이뤄졌기에 보수기독교의 폐해를 목격한 것이다. 더구나 행동 성향이 진보형이다. 진보형의 모습이란 '가치와 의미를 찾는 모습, 남의 간섭이나 눈치를 보지 않는 모습, 기성세대나 기존 체제를 따르지 않는 모습, 유아독존적인 모습, 멋대로 맘대로 사는 모습, 모두가 평등하다는 모습, 사회적 약자를 위하는 모습, 문명의 이기를 모두가 누리자는 모습' 등이다.

전환된 의식의 영향과 진보형의 행동을 드러내니 어떠하겠는가? 그래서 조직에 머물지 못하고 프리랜서로서 활동할 수밖에 없는 것이다.

나무위키에는 다음과 같이 적혀 있다.

2009~2010년에는 한겨레TV의 김어준 뉴욕타임즈에서만 활동했다. 하지만 2011년 '나는 꼼수다'의 공동 진행을 맡으면서 그는 정규 방송에 나올 때보다도 더욱 인지도 있는 유명인사로 발돋움하게 된다. 김어준에 가려졌지만 대한민국 팟캐스트의 신기원을 연 '나는 꼼수다'의 공동 진행자 겸 프로듀서로서, 라디오 제작 PD의 노하우를 이용하여 나꼼수가 본 궤도에 오르게 하는데 커다란 역할을 했다.

그는 심리주기가 계속 하락하는 바람에 더 나이가 들어도 현재의 모습보다 더 진보적인 방향으로 나아갈 것이다. 다만, 한 가지 걱정

되는 점은 좋아하는 사람이 늘수록 그와는 반대가 되는 사람들도 늘어난다는 점이다. 그리고 꿈 성향이 감성형인 '물질적 풍요로움, 이성과의 사랑, 낭만적인 삶'에 더욱 집착하게 될지도 모른다. 나이가 들수록 조심해야 할 것이다.

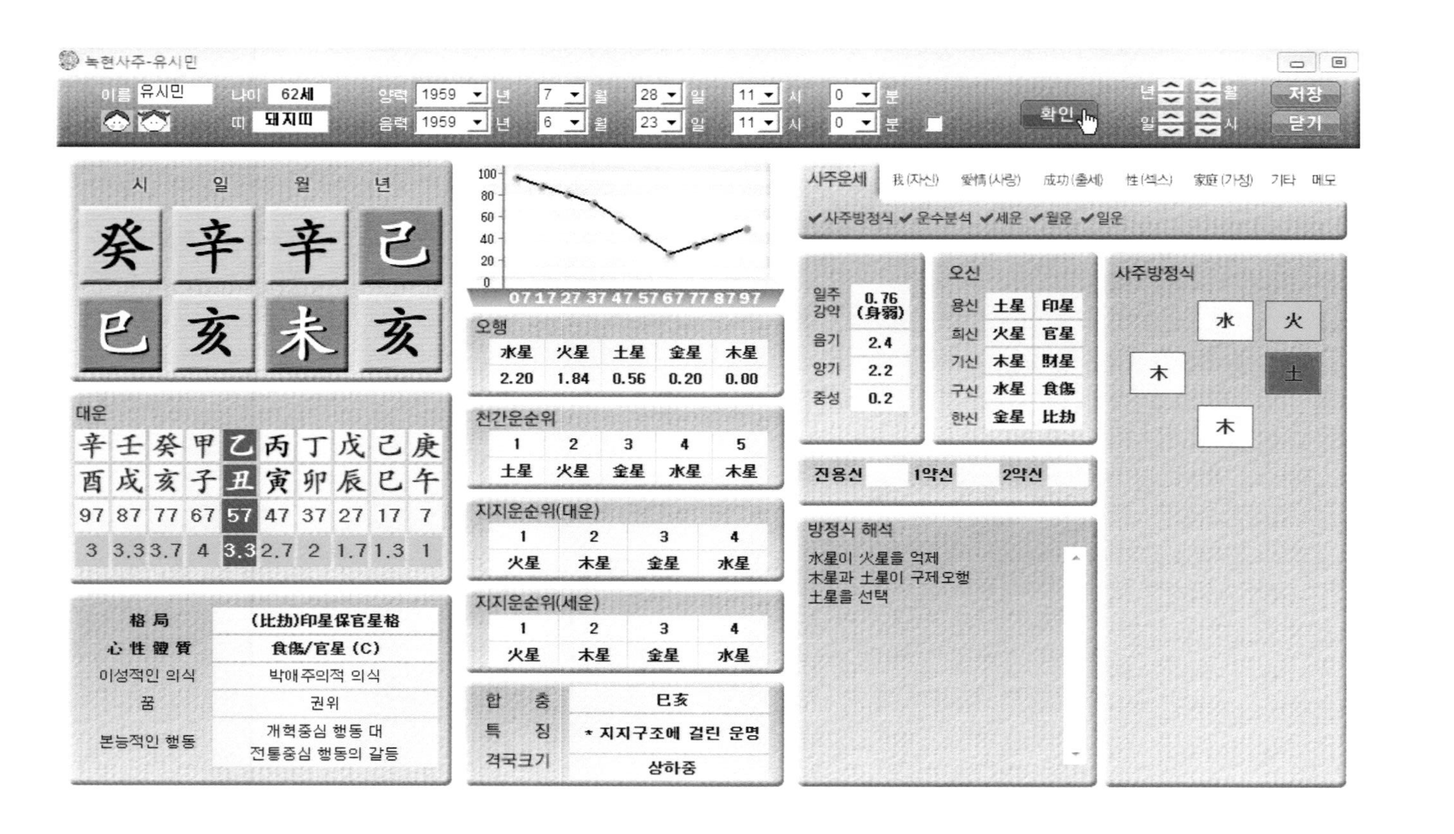

녹현사주-유시민
이름 유시민
나이 62세
띠 돼지띠
양력 1959 년 7 월 28 일 11 시 0 분
음력 1959 년 6 월 23 일 11 시 0 분
확인
년 월 일 시
저장
닫기
시 일 월 년
癸 辛 辛 己
巳 亥 未 亥
대운
辛 壬 癸 甲 乙 丙 丁 戊 己 庚
酉 戌 亥 子 丑 寅 卯 辰 巳 午
97 87 77 67 57 47 37 27 17 7
3 3.3 3.7 4 3.3 2.7 2 1.7 1.3 1
格局 (比劫)印星保官星格
心性體質 食傷/官星 (C)
이성적인 의식 박애주의적 의식
꿈 권위
본능적인 행동 개혁중심 행동 대 전통중심 행동의 갈등
07 17 27 37 47 57 67 77 87 97
오행
水星 火星 土星 金星 木星
2.20 1.84 0.56 0.20 0.00
천간운순위
1 2 3 4 5
土星 火星 金星 水星 木星
지지운순위(대운)
1 2 3 4
火星 木星 金星 水星
지지운순위(세운)
1 2 3 4
火星 木星 金星 水星
합 충 巳亥
특 징 * 지지구조에 걸린 운명
격국크기 상하중
사주운세 我(자신) 愛情(사랑) 成功(출세) 性(섹스) 家庭(가정) 기타 메모
사주방정식 운수분석 세운 월운 일운
일주강약 0.76 (身弱)
음기 2.4
양기 2.2
중성 0.2
오신
용신 土星 印星
희신 火星 官星
기신 木星 財星
구신 水星 食傷
한신 金星 比劫
진용신 1약신 2약신
방정식 해석
水星이 火星을 억제
木星과 土星이 구제오행
土星을 선택
사주방정식
水 火 木 土 木

2번 케이스로 노무현 재단 이사장인 유시민의 명식이다.

말들이 많다. 노무현 재단 5대 이사장에 오르면서 말이다. '총리후보군이다', '다음 대선의 강력한 여권 후보다' 등등 그런데 정작 본인의 입으로는 정치는 안 한다고 다짐하고 있다. 과연 유시민 이사장 당사자의 말을 믿어야 할지 아니면 유시민을 지켜보는 많은 사람들의 말을 믿어야 할지 의문이다.

의식 성향	무의식 성향	꿈 성향
타고난 의식: 순진형의 박애주의 ↕ 전환된 의식: 개인주의	권리형	지도자(권위)형

심리주기는 40세 중반까지는 박애주의 의식의 영향을 받았고, 40대 중반 이후부터는 개인주의 의식의 영향을 받았다. 그러면서도 꿈 성향인 지도자의 모습까지도 간간이 드러냈다. 물론 행동은 어디까지는 늘 자신만의 권리를 지키는 모습이다. 그래서 자신만의 개성이 살아있는 독특한 모습을 우리에게 드러낸 것이라 생각한다.

40대 중반까지는 박애주의 의식의 영향 탓에 정치보다는 작가의 길로 묵묵히 걸었지만, 그 이후부터는 개인주의 의식의 영향과 권리형의 모습 그리고 간간이 드러나는 지도자의 모습 영향 탓에 예전처럼 조용히 작가의 길로만 살 수 없는 운명이 되고 말았다.

자의반, 타의반이라고나 할까? 다음 대통령 선거에 나오지 않을 수 없는 상황이 전개될 것이다. 당선되고 말고는 나중 문제이다. 따라서 현재 유시민이야말로 대선에 나올 생각이 없다고 해도 그때 가서는 상황이 달라진다는 점을 강조하고 싶다.

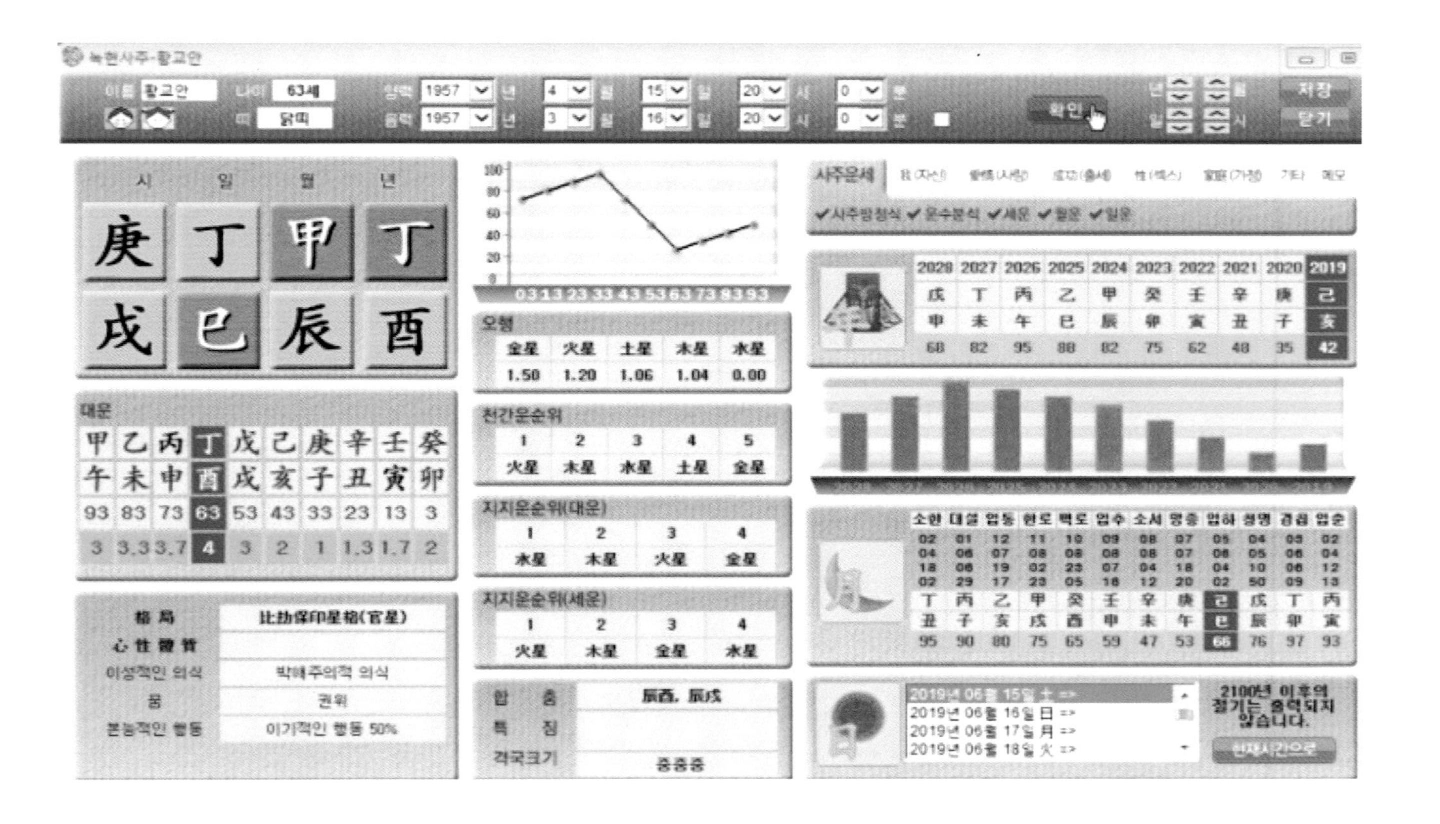
녹현사주-황고안
이름 황고안
나이 63세
띠 닭띠
양력 1957 년 4 월 15 일 20 시 0 분
음력 1957 년 3 월 16 일 20 시 0 분
확인
저장
닫기
시 일 월 년
庚 丁 甲 丁
戊 巳 辰 酉
대운
甲 乙 丙 丁 戊 己 庚 辛 壬 癸
午 未 申 酉 戌 亥 子 丑 寅 卯
93 83 73 63 53 43 33 23 13 3
3 3.3 3.7 4 3 2 1 1.3 1.7 2
格局 比劫保印星格(官星)
心性體晳
이성적인 의식 박애주의적 의식
꿈 권위
본능적인 행동 이기적인 행동 50%
오행
金星 火星 土星 木星 水星
1.50 1.20 1.06 1.04 0.00
천간운순위
1 2 3 4 5
火星 木星 水星 土星 金星
지지운순위(대운)
1 2 3 4
水星 木星 火星 金星
지지운순위(세운)
1 2 3 4
火星 木星 金星 水星
합 충 辰酉, 辰戌
특 징
격국크기 중중중
사주운세
✔사주방정식 ✔운수분석 ✔세운 ✔월운 ✔일운
2028 2027 2026 2025 2024 2023 2022 2021 2020 2019
68 82 95 88 82 75 62 48 35 42
소한 대설 입동 한로 백로 입추 소서 망종 입하 청명 경칩 입춘
丁 丙 乙 甲 癸 壬 辛 庚 己 戊 丁 丙
丑 子 亥 戌 酉 申 未 午 巳 辰 卯 寅
95 90 80 75 65 59 47 53 66 76 97 93
2019년 06월 15일 土 =>
2019년 06월 16일 日 =>
2019년 06월 17일 月 =>
2019년 06월 18일 火 =>
2100년 이후의 절기는 출력되지 않습니다.
현재시간으로

3번 케이스에 해당하는 자유한국당 대표 황교안의 명식이다.

야당에서 대통령 후보로 떠오르고 있는 그의 사주팔자는 과연 어떤지 살펴보자.

의식 성향	무의식 성향	꿈 성향
타고난 의식: 박애주의 ↕ 전환된 의식: 개인주의	이기형	리더형

박애주의란 '자신을 먼저 챙기기보다는 남을 먼저 배려하거나 이해하려는 생각'이다. 그리고 박애주의의 반대 의식은 개인주의로 '자신을 남보다 먼저 챙기는 생각'으로 황교안은 늘 이 두 가지 생각이 왔다갔다한다.

이 두 가지 생각이 수시로 왔다갔다하는 바람에 어느 때는 박애주의 생각으로 말하다가, 어느 때는 개인주의 생각으로 말한다.

그런데 황교안 대표 자신은 자신이 타고난 의식인 박애주의 의식으로만 알고 있지, 간간이 전환된 개인주의 의식은 전혀 생각조차 못하고 있다. 그런데 사람들은 누구나 다같이 타고난 생각만이 자신의 생각이라고 알고 있다.

황교안 대표의 심리주기를 보면, 태어나서 40세까지는 박애주의 의식이 앞섰고, 40세부터는 전환된 의식인 개인주의 의식이 앞섰다. 그러나 사람의 됨됨이를 살펴보는 것은 말이나 생각이 아니고, 행동 성향이다. 황교안 대표의 무의식(행동) 성향은 이기형이다. 즉, 생각은 박애주의 의식이지만, 본능적인 행동은 누구보다 자신을 무척이나 아끼는 이기형인 것이다. 이기형의 모습이란 '자기 자신을 세상 누구보다 사랑하기에 자신에게 조금이라도 손해가 되거나, 이목이 집중되지 않으면 행동하지 않는 모습'이다. 마치 전임 대통령인 이명박 대통령과 비슷한 성향이지만, 이명박 대통령보다는 조금 약한 모습이다.

그래서 고등학교 동창인 노회찬 국회의원과 같은 반이라 도시락을 같이 먹은 적이 있었지만, 그리 친하지는 않았다고 한다. 이 글의 의미는 행동 성향이 이기적이라서 깊이 있게 사귀기에는 어딘가 까칠하다는 모습이란 의미이다.

그러나 박애주의 의식인지라 황교안 대표와 속을 터놓을 수 있는 친한 친구들은 있었을 것이다. 물론 많지는 않지만 말이다.

다음은 나무위키에 있는 내용이다.

1980년대 노회찬 의원이 민주화 운동으로 구속되었을 때, 황교안은 검사로 일하고 있었는데, 구속 상태에서 검찰청으로 불려와 조사를 받던 노회찬을 자기 방으로 불러서 수갑도 풀어주고, 커피도 줬다고 한다. 그렇게 잠시 동안 대화를 나누다가 "구치소에서 잘 지내냐"라고 안부를 물었는데, 노회찬이 "새로 지은 구치소가 따뜻해서 괜찮다"라고 말하자, "그래서 내가 구치소를 너무 좋게 지으면

안 된다고 했는데….”라면서 농담했다고.

이종걸 국회의원과는 친구 사이지만, 당 원내대표 신분으로 황교안의 총리 지명에 강력 반대했다고 한다. 노동운동가 단병호님과도 인연이 있는데, 우선 단병호님의 구속을 이끌어낸 검사이기도 했지만 훗날 단병호의 딸인 단정려가 사법연수원을 수료하고 창원지검에 검사로 발령받을 때 맞이한 검사장이기도 했다. 이것 때문에 언론에서 단정려 검사의 첫 출근을 예의주시했는데, 이날 인터뷰에 응한 황교안 대표는 “공안검사와 피의자를 서로 적이나 원수처럼 생각해선 안 되며, 더구나 단 검사의 창원지검 발령이 무슨 원수의 딸을 맞이하는 것처럼 비쳐져서도 안 된다.”라는 명언을 남겼다고 한다.

이러한 삶의 궤적은 무의식인 이기형의 모습을 드러낸 것이다.

상술된 대로 검사 시절부터 수십 년간 취미생활로 색소폰을 불어왔기에 일반인 수준에서는 굉장히 잘 부는 편으로 법조계에서 유명하고, 색소폰 녹음 CD앨범도 만든 바 있으며 법조인 단체 관련 모임, 종교 관련 모임 등 본인과 관계된 여러 행사에 초청받아 색소폰 공연을 했다고 알려졌다. 술자리, 특히 여자가 있는 술자리를 싫어하는데 검사로 있으면서 이런 자리를 회피하기 쉽지 않아 이를 회피할 핑계를 만들기 위해서도 색소폰을 배웠다는 이야기도 있다. 또한 매우 독실한 침례교 신자이며, 사법연수원 재학 중에도 동시에 신학교도 졸업해서 전도사의 자격을 가지고 있다고 한다.

그리고 취미가 테니스인지 법무부장관 재임 시절 대한민국 법무부가 상주해 있는 정부과천청사의 테니스장에 가끔 나와서 직원들과 테니스도 친 적이 있다고 한다. 검사 시절 테니스 동호회를 조직할 정도로 테니스에 관심이 많았으며, 테니스를 치게 된 계기는 40대 초반까지 운동을 할 만한 시간적인 여유가 없어 체중이 증가해 결국 무릎이 고장난 적이 있었는데, 재활치료를 통해 완치된 후 지속적인 운동을 고민하다가 테니스를 치기 시작했다고 한다. 참고로 테니스계에서 매우 유명한 프로선수인 이형택 선수와의 친선 경기에서 이겨서 자부심이 대단하다고 한다.

이기형의 무의식 성향은 결코 여자를 좋아하지 않고 귀찮다고 여긴다. 그럼에도 불구하고 이성으로부터 이목을 받거나 인기를 끌고자 인기 있거나 멋진 스포츠를 취미로 삼는 경향이 있다.

그런데 사람을 평가할 때는 생각 성향보다는 행동 성향으로 평가한다. 따라서 황교안 대표는 어떤 생각을 했든지 간에 무의식 성향이 이기형인지라, 세상 누구보다 자신이 잘 되어야 한다는 모습을 드러낸다. 그래서 박애주의 생각을 하고 있더라도 이기형의 모습만 드러내는지라 황교안 대표와 그리 친하지 않은 사람들에게는 자신밖에 모르는 사람으로 인식될 수 있다.

또한 이기형인지라 본인 자신도 남과는 다르게 자신의 성공을 위해서, 능력을 인정받기 위해서, 경쟁력을 키우기 위해서, 사회적인 출발을 좋은 곳에서 하기 위해 학생으로서 할 수 있는 모든 노력을 기울인다. 그런 모습을 본 주위 사람들은 황교안 대표를 소위 FM이라고 볼 것이다.

그런 그가 박근혜 대통령 탄핵으로 짧게나마 대통령 행세를 했으니 어떻겠는가? 가장 높은 권위적인 위치이니 누군들 부럽겠는가? 더구나 대운이 하락하면 꿈 성향을 그리워하는데…. 황교안은 40세 이후 대운이 하락하기에 그때부터 개인주의 생각에 이기적인 모습을 드러내고 간간이 꿈 성향인 남들의 리더가 되고픈 모습도 드러낸다. 그래서 남들과의 소통이 안 되고, 남들의 아픔이나 괴로움도 전혀 모르고, 오로지 자기 자신만 잘 되면 된다는 심리로 굳혀져 간다. 이런 심리를 지닌 자가 대통령이 되면 이명박 대통령 못지않게 나라를 좀먹을 것이다.

그런데 대선을 치르기 전에 총선이 있는데…. 총선을 치르기 위해서는 자한당의 국회의원 후보공천 과정에서 많은 어려움을 겪어 야당의 대통령 후보로 부상할 수가 없을 것이다. 더구나 2022년부터는 세운이 상승하기에 권위에 대한 집착이 옅어질 것이다. 가장 큰 문제점은 40세부터 개인주의 생각에 이기적인 모습을 드러내고 간간이 꿈 성향인 남들의 리더가 되고픈 모습을 드러냈기에 자신을 진정으로 따르는 지인들을 많이 만들지 못했다는 것이다. 그저 황교안 대표의 권위가 부럽거나 두려워서 따를 뿐이지, 진정으로 그를 위해 희생하거나 봉사할 사람들은 없다는 점이다.

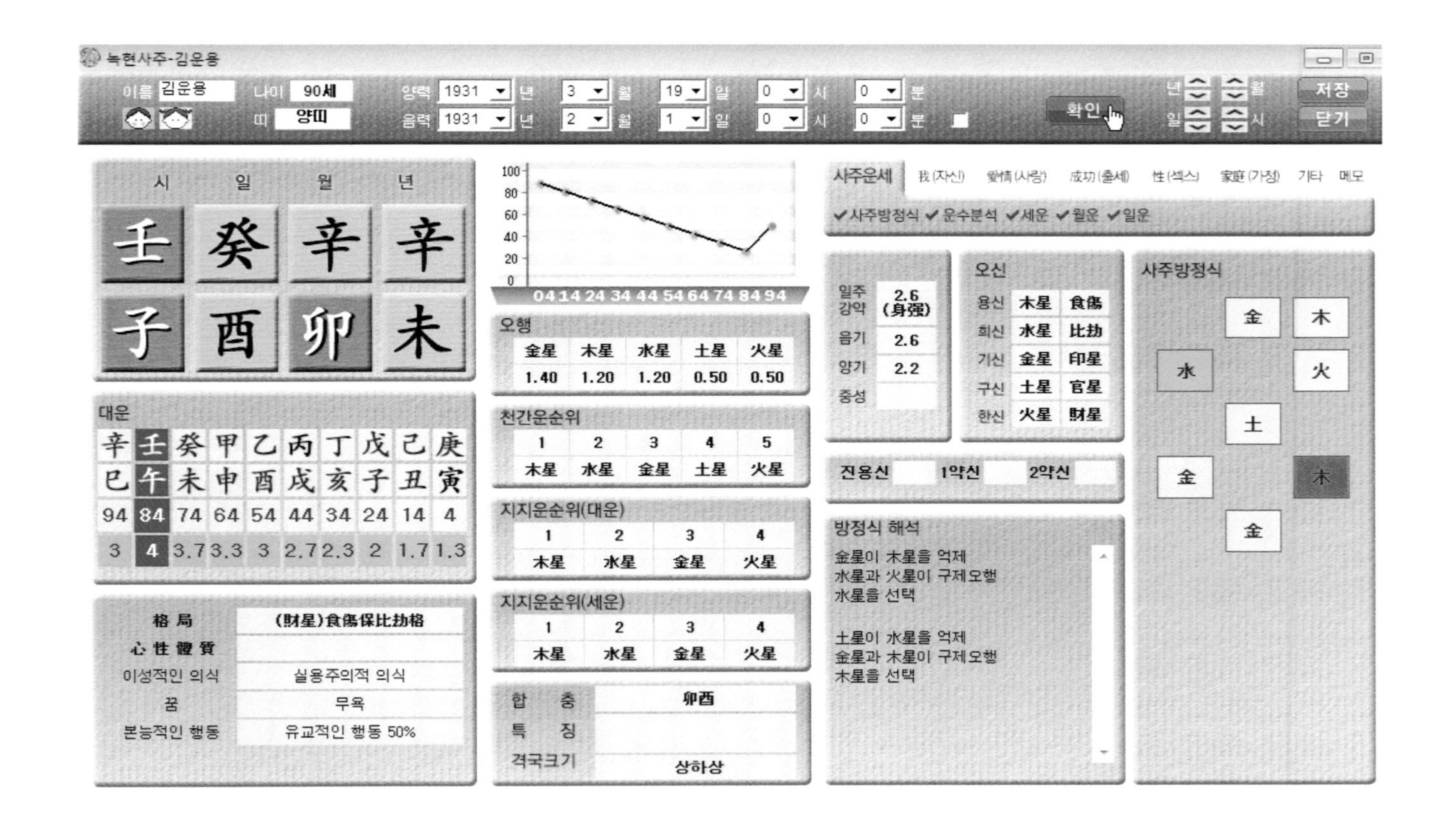
녹현사주-김운용
이름 김운용
나이 90세
띠 양띠
양력 1931 년 3 월 19 일 0 시 0 분
음력 1931 년 2 월 1 일 0 시 0 분
확인
저장
닫기
시 일 월 년
壬 癸 辛 辛
子 酉 卯 未
대운
辛 壬 癸 甲 乙 丙 丁 戊 己 庚
巳 午 未 申 酉 戌 亥 子 丑 寅
94 84 74 64 54 44 34 24 14 4
3 4 3.7 3.3 3 2.7 2.3 2 1.7 1.3
格局 (財星)食傷保比劫格
心性體質
이성적인 의식 실용주의적 의식
꿈 무욕
본능적인 행동 유교적인 행동 50%
04 14 24 34 44 54 64 74 84 94
오행
金星 木星 水星 土星 火星
1.40 1.20 1.20 0.50 0.50
천간운순위
1 2 3 4 5
木星 水星 金星 土星 火星
지지운순위(대운)
1 2 3 4
木星 水星 金星 火星
지지운순위(세운)
1 2 3 4
木星 水星 金星 火星
합 충 卯酉
특 징
격국크기 상하상
사주운세 我(자신) 愛情(사랑) 成功(출세) 性(섹스) 家庭(가정) 기타 메모
✔사주방정식 ✔운수분석 ✔세운 ✔월운 ✔일운
일주 강약 2.6 (身强)
음기 2.6
양기 2.2
중성
오신
용신 木星 食傷
희신 水星 比劫
기신 金星 印星
구신 土星 官星
한신 火星 財星
진용신 1약신 2약신
방정식 해석
金星이 木星을 억제
水星과 火星이 구제오행
水星을 선택
土星이 水星을 억제
金星과 木星이 구제오행
木星을 선택
사주방정식
金 木 水 火 土 金 木 金

2번 케이스에 해당하는 한국올림픽 위원장이면서 IOC 위원으로 IOC 위원장 선거에 나섰던 김운용 한국올림픽 위원장의 명식이다.

네 번째 대운까지는 타고난 의식인 실용주의 영향을 받다가, 다섯 번째 대운부터는 전환된 의식인 명분주의 영향을 받는다. 김운용 체육회장의 일생을 살펴보자.

서울에서 태어나 1961년(31세)부터 국방장관 보좌관을 시작으로 주미, 주유엔, 주영 참사관을 지냈으며, 1971년(41세)에 태권도 협회장, 1972년(壬子年=42세)에 국기원장을 지냈고, 그 이듬해인 1973년(43살)에 세계 태권도 연맹 총재에 등극했다.

1986년(56세)에 국제올림픽 위원에 선임되고, 1992년(62세)에 국제올림픽 부위원장이 되었으며, 1993년(63세)에 대한 체육회장 및 한국올림픽 위원장이 되었다.

김운용 한국올림픽 위원장의 사주를 알게 된 것은 2001년 당시 국제올림픽 위원장 선거를 앞두고 모 신문사에서 연락이 와서 살펴보았다.

당시 사회적으로, 국가적으로 매우 중차대한 사안이라서 결과를 미리 점쳐보고자 하는 움직임이 많이 있었는데 필자에게도 모 신문사 기자의 부탁이 있었고, 그로 인해 김운용 한국올림픽 위원장의 사주를 알았으며 추론한 결과를 메일로 보냈으나, 기사화까지는 되지 못했다. 기자가 하는 말이 당선된다는 좋은 결과는 실을 수 있지만, 낙선한다는 예측 기사는 실을 수 없다는 것이었다. 그러나 필자는 김운용 한국올림픽 위원장의 사주를 살핀 결과, 지금까지 해왔던 선거운동 방식이라면 낙선이 분명하고, 선거운동 방식을 바꾼다면 강력한 우승후보인 로케(현 IOC 위원장)를 따돌리고 이길 수 있다는 요지의 글을 올렸었다. 필자가 예측한 글이 신문에 나오지 않아 안타까운 마음에 김운용 한국올림픽 위원장 홈페이지에 추론한 글을 올렸고, 김운용 한국올림픽 위원장 개인메일로도 추론한 내용을 보냈었다. 부디 선거운동 방식을 바꾸라고 말이다. 그 추론은 다음과 같다.

의식 성향	무의식 성향
타고난 의식: 실용주의 ↕ 전환된 의식: 명분주의	보수형

2001년 당시의 여론은 김운용 한국올림픽 위원장의 당선이 확실하다고 할 때였다. 아시아 표와 북중미 표 그리고 아프리카 표를 가지고 올 수 있어 유럽 표에 기대하는 로케 후보를 능히 이길 수 있기에 표 단속만 잘하면 국제올림픽 위원장의 자리는 대한민국의 김운용 한국올림픽 위원장이 차지할 수 있으리란 기대가 저변에 깔려 있었다.

많은 역학자의 예측도 김운용 한국올림픽 위원장의 승리가 점쳐진다는 식으로 언론에 흘러나오고 있었다. 필자는 2001년 당시 상담을 하면서도 녹현역을 널리 전파하기 위해 대규모 강의와 인터넷 사업을 전개하고 있었던 때라 이슈가 되었던 올림픽 위원장 선거에 신경 쓸 겨를이 없었다. 그러나 알고 지내던 기자의 부탁이라 거절할 수 없어 태어난 시간만 정확히 알면 예측해 준다고 했다. 아마 그 기자도 위원장 선거에서 김운용 한국올림픽 위원장이 이길 것이라 믿고 필자에게 부탁했으리라 추측된다.

지금부터 김운용 한국올림픽 위원장의 사주를 가지고 2001년 당시로 돌아가 추론해 보자. 대운의 흐름이 네 번째 丁亥 대운부터 떨어지는 바람에 타고난 의식인 실용주의 성향대로 살아가지 못하고 전환된 의식인 명분주의 영향을 받고 있다.

그리고 무의식 성향인 보수형의 모습으로 살아가고 있다. 보수형의 모습이란 '개혁적인 모습이 아닌 수구적인 모습으로, 모험과 개혁이 아닌 안정과 인내의 모습으로, 행동과 실천이 아닌 생각과 신중한 모습으로, 없는 자의 편이 아닌 있는 자의 편에 서는 모습으로, 새로운 틀이 아닌 기존의 틀 속에서 안주하는 모습으로, 희생과 봉사가 아닌 권위와 명분적인 모습으로' 살아가자는 것이 바로 보수형의 모습이다. 지나온 약력을 살펴보면 대략적으로 명분과 명예를 바라고 살아왔다고 볼 수 있다. 원래 가지고 있었던 의식도 변화가 왔고, 실용주의적인 삶이 이뤄지지 않으면서 전환된 의식인 명분주의적인 성향들로 가득 차게 되었다.

어찌 되었던 남들에게 인정을 받아 권위로운 자리에 오르자는 것인데, 네 번째 대운 이후에는 그렇게 살아왔다. 그래서 세계적으로 인정을 받을 수 있는 IOC 위원장이라는 자리를 차지하고자 달려왔던 것이다.

다만 스스로 무엇인가 되고자 노력했거나 애를 썼다면 당시 올림픽 부위원장 위치까지도 오를 수 없었다고 필자는 추측한다. 왜냐하면 무의식 성향이 보수형의 모습이지만, 전형적인 보수형보다는 욕심이 적은 탓이다. 2001년 당시 김운용 한국올림픽 위원장도 국제올림픽 위원장이 되고자 욕심을 가졌던 것 같다. 그래서 각 나라의 표를 계산해보고 이길 것 같으니까 지지하지 않는 나라의 표를 우리의 표로 만드는 전략보다는 지지표 단속에 발 벗고 나섰던 것이다.

남들에게 인정받아 높은 자리에 오르는 것은 가능했지만 치열한 경쟁까지 해가면서 최고의 높은 자리를 차지한다는 것은 거의 불가능한 운명(욕심이 적어서)이었기에 지금까지의 선거 전략을 바꾸라고 한 것이다.

IOC위원들에게 로케가 IOC위원장 감이다, 나보다 젊어서 많은 일을 할 수 있다, 나는 그냥 IOC 친구들이 선거에 나가라고 해서 나온 것이지 위원장 자리가 탐나서 나온 것이 아니다, 인격적으로도 로케가 적임자이니 로케를 뽑아 달라는 식으로 선거운동을 하라고 했다. 그리고 이번 선거에 나오게 된 계기는 주변의 지인과 IOC 친구들이 원해서 나온 것이지만, 만약 당선이 된다면 밀어준 위원들을 위해 성심 성의껏 노력을 아끼지 않으며 임기까지 올림픽위원회의 위상을 높이겠다는 식으로 선거운동을 하라고 했다.

그렇게 하면 IOC위원들에게는 자리를 탐내지 않는, 후덕하고 마음씨 좋은 사람으로, 인격적으로 훌륭한 사람으로, 누구나 만만하게 볼 수 있도록, 견제할 필요가 없는 사람으로 비춰져 오히려 좋은 결과가 나올 것이라고 했다.

이것이 필자가 얘기하는 소위 허허실실 작전이었다. 이렇게 되면 IOC위원들은 욕심이 강한 로케보다 마음이 넓고 착한 김운용 한국올림픽 위원장을 선택할 가능성이 무척 높아 무난히 승리할 수 있으리라 보았기 때문이다. 그러나 필자의 간곡한 부탁은 어느 누구도 설득시키지 못하고 말았다.

운명을 미리 알면 삶을 대처해 나가는 방법을 알 수 있으므로 좀 더 현명하게 살아갈 수도 있는데 사람들 대다수는 어리석고, 지금까지 이어져온 삶의 방식(습관)을 갑자기 180도 다른 삶의 방식으로 바꾸기도 쉽지 않아 알면서도 실행하지 못하는 경우가 다반사다.

명리학이 나온 까닭이 무엇인가? 사람이 집단생활을 할 때부터 운명을 살펴 좋은 것은 받아들이고 그렇지 않은 것은 피하거나 막자는 의미에서 나온 자연스러운 학문이다. 따라서 능히 예방이 가능한데도 사주팔자는 어쩔 수 없다는 식의 자포자기나 자기합리화는 절대 있어서는 안 된다.

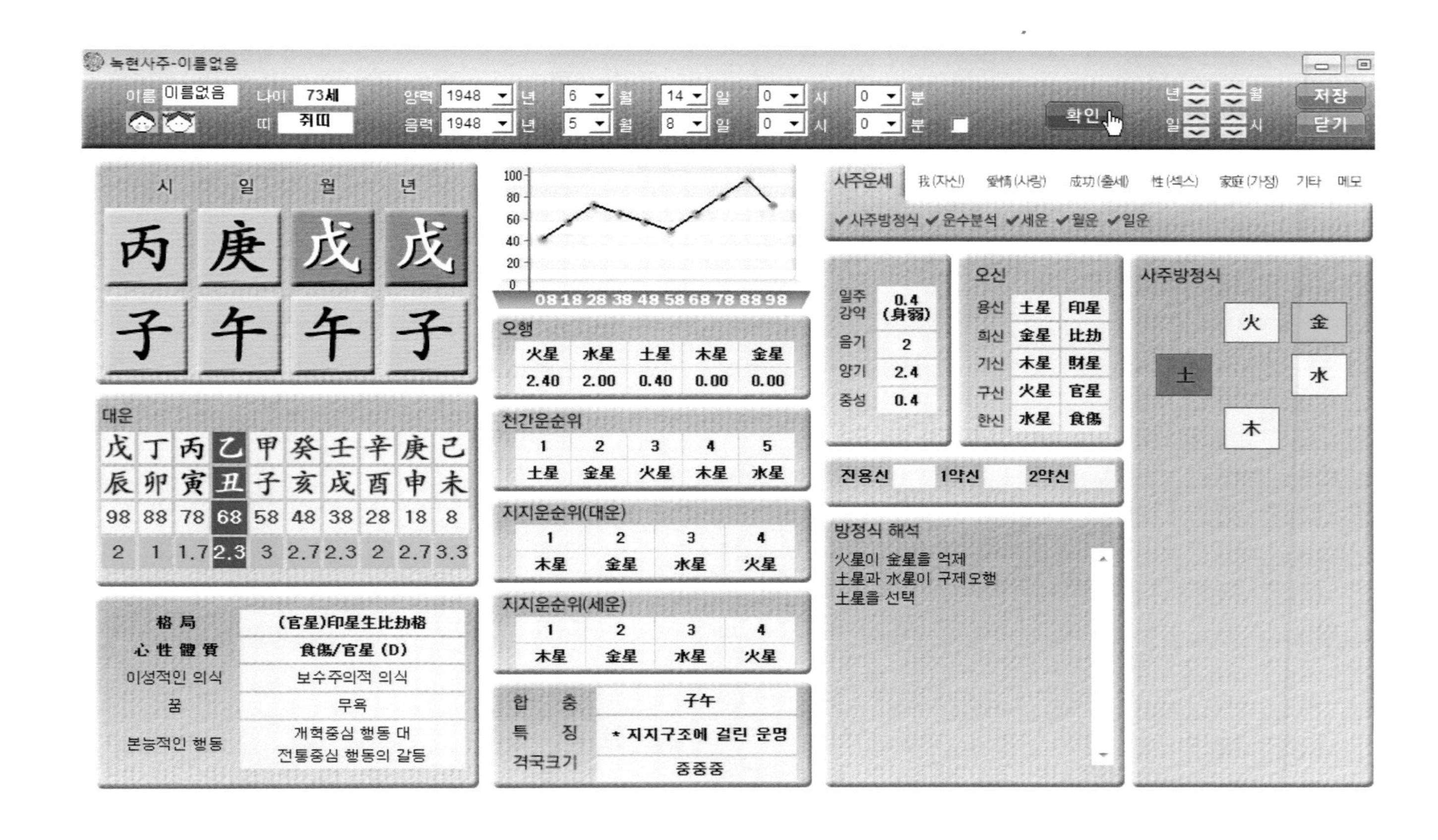

녹현사주-이름없음
이름 이름없음
나이 73세
띠 쥐띠
양력 1948 년 6 월 14 일 0 시 0 분
음력 1948 년 5 월 8 일 0 시 0 분
확인
년 월 일 시
저장
닫기
시 일 월 년
丙 庚 戊 戊
子 午 午 子
0 20 40 60 80 100
08 18 28 38 48 58 68 78 88 98
오행
火星 水星 土星 木星 金星
2.40 2.00 0.40 0.00 0.00
천간운순위
1 2 3 4 5
土星 金星 火星 木星 水星
지지운순위(대운)
1 2 3 4
木星 金星 水星 火星
지지운순위(세운)
1 2 3 4
木星 金星 水星 火星
합 충 子午
특 징 * 지지구조에 걸린 운명
격국크기 중중중
대운
戊 丁 丙 乙 甲 癸 壬 辛 庚 己
辰 卯 寅 丑 子 亥 戌 酉 申 未
98 88 78 68 58 48 38 28 18 8
2 1 1.7 2.3 3 2.7 2.3 2 2.7 3.3
格局 (官星)印星生比劫格
心性體質 食傷/官星 (D)
이성적인 의식 보수주의적 의식
꿈 무욕
본능적인 행동 개혁중심 행동 대 전통중심 행동의 갈등
사주운세
我(자신) 愛情(사랑) 成功(출세) 性(섹스) 家庭(가정) 기타 메모
✔사주방정식 ✔운수분석 ✔세운 ✔월운 ✔일운
일주강약 0.4 (身弱)
음기 2
양기 2.4
중성 0.4
오신
용신 土星 印星
희신 金星 比劫
기신 木星 財星
구신 火星 官星
한신 水星 食傷
진용신 1약신 2약신
방정식 해석
火星이 金星을 억제
土星과 水星이 구제오행
土星을 선택
사주방정식
火 金 土 水 木

〈도올 김용옥의 뇌구조〉

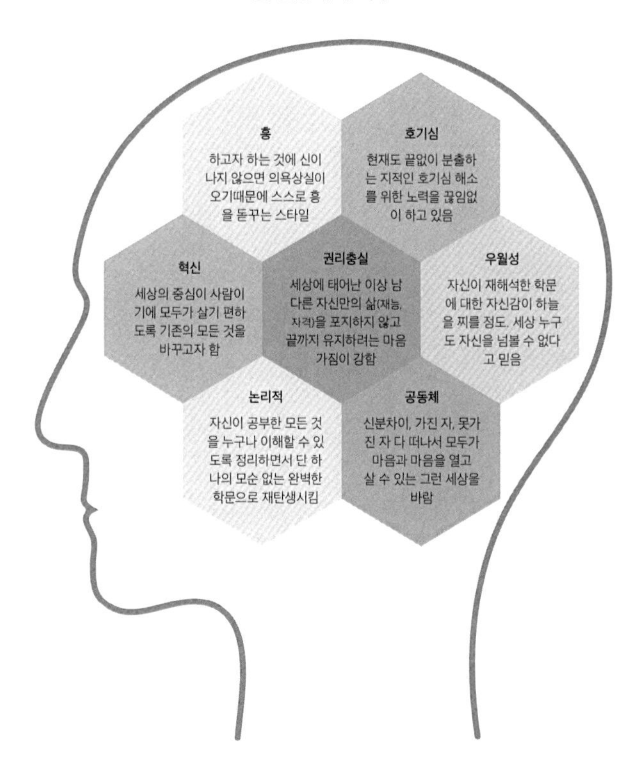

대한민국의 학자 중에서도 학자로 꼽히는 도올 김용옥 박사의 명식이다.

의식 성향	무의식 성향
타고난 의식: 보수주의 ↕ 전환된 의식: 모험주의	권리형

30대 중반까지는 타고난 의식인 보수주의 영향을 받다가, 30대 중반 이후는 전환된 의식인 모험주의 영향을 받는다. 그러다가 60대 이후는 다시 타고난 의식인 보수주의 영향을 받게 된다. 보수주의 영향은 있는 그대로의 이론을 받아들이지만, 모험주의 영향은 있는 그대로의 이론을 완전히 새로운 방식으로 바꿔 받아들인다.

특이한 점은 무의식 성향이 권리형이라서 자신의 가치, 재능, 능력을 포기하지 않고 개발하여 자신의 가치를 극대화시키는 것과, 자신이 창안한 모든 것을 지키려는 의지가 강하다는 것이다. 그리고 한 치의 오차도 용납하지 않는 완벽함이 돋보이는 논리성과 우월성이 뛰어나다는 점이다. 그래서 예전의 이론들이 김용옥 박사의 손에 들어가면 전혀 새로운 해석으로 새로운 이론이 태어난다.

간혹 자신만의 논리가 강해 듣기에 따라선 궤변 같은데도 궤변이 아닌 진리가 되고 있는 것이다. 그로 인해 자신만의 카리스마가 분출된다. 이런 뇌구조를 갖춘 자가 정치에 입문한다면 아마 국민을 위한 정치를 하면서도 강력한 지도자(?)가 될 것이다.

의식의 전환이 마구 이뤄질 때(대운 그래프 참조)

운 흐름에 변화가 많다는 것은 의식의 전환이 많다는 것이다. 여기서 언급하는 의식의 전환은, 태어나 어릴 적부터 초·중·고등학생 시절까지 전환된 의식의 영향을 받다가, 대학생활을 하거나 고등학교 졸업 후에 사회생활을 막 시작할 즈음부터는 타고난 의식의 영향을 받고, 나이 40세쯤에 다시 전환된 의식의 영향을 받는 경우다. 그렇다면 운의 흐름은, 태어나 20대 전까지 3~4등 운으로 흐르다가, 20대 후부터 40대 전까지 1~2등 운으로 흐르고, 다시 40대 후부터 3~4등의 운으로 흘러야 한다. 이런 흐름이어야 방금 설명한 의식의 전환과 맞아 떨어진다. 그런데 사주상의 대운 흐름은 이와 같지 않다. 첫 번째 대운부터 세 번째 대운까지 3~4등이었다가, 네 번째 대운부터 아홉 번째 대운까지 1~2등으로 흐르는 모양을 띠고 있다. 이런 운의 흐름이라면 20대 전까지는 전환된 의식의 영향을 받다가, 20대 후부터 80대까지 타고난 의식의 영향을 받아야 하는 것이 마땅하다. 생각해 봐라! 20대부터 80대까지 타고난 의식의 영향을 받으며 산다는 것은 만족스럽기 그지없는 삶인 것이다. 생활의 변화도 동반되는 것임은 의심의 여지가 없다.

필자는 이러한 경우를 발견하고서 사주는 점치는 학문이 아닌, 사람의 심리를 살피는 학문이라는 것임에 확신을 더욱 더 굳혔다. 사주상으로는 첫 번째 대운부터 세 번째 대운까지 3~4등이었다가, 네 번째 대운부터 아홉 번째 대운까지 1~2등 흐름인데, 이러한 운의 흐름을 지닌 사람들은 20대부터 80대까지 타고난 의식의 영향을 받지 못함을 발견했다. 20대부터 40대 전까지만 타고난 의식의 영향을 받다가, 그 후로는 운의 순위와 관계없이 전환된 의식의 영향을 받으며 살아감을 확인하고 또 확인했다. 참으로 기가 막힐 일이었다. 운의 순위가 1~2등임에도 불구하고 타고난 의식이 아닌, 전환된 의식의 영향을 받으니 말이다. 이러한 경우들을 무수히 발견했다. 모두 다

40대 후부터는 타고난 의식이 아닌 전환된 의식의 영향을 받으며 살아감을 말이다.

고민에 빠졌다. 운의 순위를 잘못 정한 것도 아니고, 사주가 특수하게 구성된 것도 아니라서 사주학적인 접근으로는 의문이 해소되지 않았다. 그래서 심리학적인 접근방식을 사용하기로 했다. 30대에 의식의 변화가 온 그룹, 40대에 의식의 변화가 온 그룹, 20대에 의식의 변화가 온 그룹, 이렇게 세 그룹으로 나눠놓고 그들의 심리변화를 분석했다. 앞서도 언급했지만, 30대에 의식의 전환이 온 소유자는 사회에 나왔을 때 처음 몇 년간은 만족스럽지 못한 사회생활을 했고, 40대에 의식의 전환이 온 소유자도 십여 년 이상을 만족스럽지 못한 사회생활을 했다. 그런데 20대에 의식의 전환이 온 소유자는 대학을 갓 입학했거나 고등학교 졸업 후에 사회생활을 막 시작한 케이스다. 차이점은 사회생활을 시작할 때쯤 원하지 않았던 삶을 맛봤는지, 그렇지 않은지에 있다. 30대와 40대에 의식의 전환이 온 소유자는 사회생활의 어려움을 맛보았고, 20대에 의식의 전환이 온 소유자는 사회생활의 쓴맛을 보지 않았다. 이 점이 운의 흐름대로 의식의 영향을 받을 수 없게 만든 원인이었다.

대학을 갓 입학했거나 사회생활을 막 시작할 무렵부터 타고난 의식의 영향을 받은 소유자는 일찍부터 자신이 바라는 대로의 삶을 이룬다. 참으로 복 받은 소유자들이다. 20대부터 원하는 삶을 살게 되니 말이다. 그래서 20대 후반을 지나 30대 초반을 거쳐 30대 후반이 되어도 다 자신이 원하는 대로 삶이 꾸려진다. 박애주의 의식의 소유자는 모두와 함께 어울리면서 살아가는 삶을, 진보주의 의식의 소유자는 가치 있으면서 서민을 위해 봉사하는 삶을, 보수주의 의식의 소유자는 인정과 존경을 받으며 안정적인 삶을, 실용주의 의식의 소유자는 재미와 즐거움 속에 낭만을 찾는 삶을, 성공주의 의식의 소유자는 남보다 더 많은 부와 귀를 차지하는 삶을 살고 있을 것이다.

30대와 40대의 의식의 전환이 이뤄진 소유자는 사회생활의 쓴맛을 맛봤기에 타고난 의식의 영향을 받고 산다는 것에 진정한 고마움을 느끼지만, 20대에 의식의 전환이 이뤄지면 모두가 자신이 잘해서 된 것이라 생각한다. 사회생활을 맛보기도 전에 타고난 의식의 영향으로 20년간 살다 보면 100% 자만에 빠진다. 인간은 원래 그렇다고 한다면 할 말이 없지만 참으로 어리석은 짓이다. '자신만만하고', '겁도 나지 않고', '마음만 먹으면 안 되는 것이 없고', '이만하면 살 만한데 뭐 다른 것 없을까 찾고', '의미 있는 일을 해볼까 하고', '더 늦기 전에 하고 싶은 것이나 할까 하고' 등등으로 말이다. 타고난 의식의 영향을 받아 이만큼이나 살았는데, 뭔가 더 나은 삶을 찾다니 말이다. 실패를 몰라 하고자 하면 다 될 것으로 생각하고 있어서다. 대운 순위가 1~2등에 있더라도 소용이 없다. 그래서 사주팔자 이론은 점치는 이론이 아닌, 인간의 심리를 다룬 이론임을 100% 확신했다.

사법계에서도 이런 말이 있다고 한다. 20대 초반 단 한 번의 시험으로 사법고시를 통과한 자와 몇 번의 실패나 사회의 쓴맛을 보고

시험에 통과한 자들과는 많이 다르다고 한다. 20대 초반 단 한 번의 시험으로 고시를 통과한 자들은 앞만 보고 질주하기에 사회적 약자들의 삶을 잘 모른다고 한다. 그렇기 때문에 재판 과정에서 이해가 되지 않는 판단을 내리고, 오직 자신의 성공에만 관심이 있어 상사의 불법적인 명령에도 무조건 따른다고 한다. 대통령 비서실장을 지닌 김기춘 씨나 민정수석을 지낸 우병우 씨 또는 대법관을 지낸 양승태 씨 등이 그렇다. 일찍 입신양명한 자들은 모든 것이 자신의 뜻대로 이뤄진다고 생각하고, 또는 삶의 쓴맛을 보지 않아서 사회적 약자들의 고민이나 고통을 이해하지 못해서 국민들의 지도자가 되면 안 되는 것이다.

사람의 생각은 늘 두 가지로 타고난 의식 성향과 전환된 의식 성향이 수시로 왔다갔다한다고 했다. 그리고 운의 흐름이 좋을 때는 타고난 의식의 성향대로, 운의 흐름이 좋지 않을 때는 전환된 의식의 성향대로 삶이 흐른다고 했다. 그런데 이처럼 운의 흐름이 좋을 때라도 타고난 의식 성향대로의 삶을 거부한다면, 전환된 의식 성향대로의 삶을 살게 된다. 그래서 운으로는 1~2등의 흐름이 네 번째 대운부터 아홉 번째 대운까지 차지하고 있더라도 모두가 40대를 전후해서 전환된 의식의 영향을 받게 된다. 그래서 삶의 변화가 많은 삶을 살게 된다. 삶이 지루하지는 않지만, 변화가 많아서 적응하기가 쉽지 않다. 박근혜 전 대통령의 운 흐름도 이와 같다.

아래 첫 번째 대운부터 세 번째 대운까지 3~4등이었다가, 네 번째 대운부터 아홉 번째 대운까지 1~2등인 경우의 운 순위표와 운 그래프를 소개한다.

〈대운 순위표〉

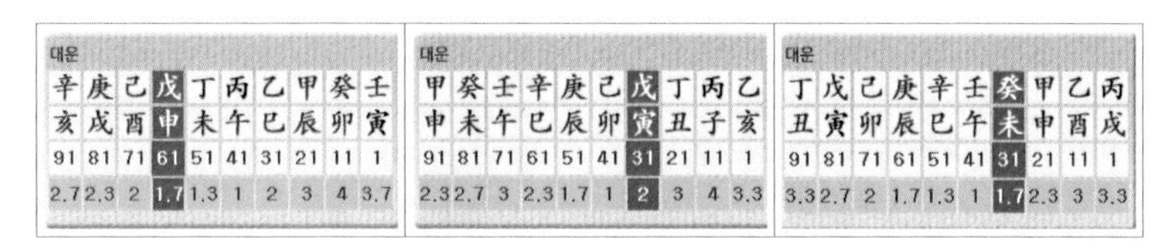

대운									
辛	庚	己	戊	丁	丙	乙	甲	癸	壬
亥	戌	酉	申	未	午	巳	辰	卯	寅
91	81	71	61	51	41	31	21	11	1
2.7	2.3	2	1.7	1.3	1	2	3	4	3.7

대운									
甲	癸	壬	辛	庚	己	戊	丁	丙	乙
申	未	午	巳	辰	卯	寅	丑	子	亥
91	81	71	61	51	41	31	21	11	1
2.3	2.7	3	2.3	1.7	1	2	3	4	3.3

대운									
丁	戊	己	庚	辛	壬	癸	甲	乙	丙
丑	寅	卯	辰	巳	午	未	申	酉	戌
91	81	71	61	51	41	31	21	11	1
3.3	2.7	2	1.7	1.3	1	1.7	2.3	3	3.3

〈대운 그래프〉

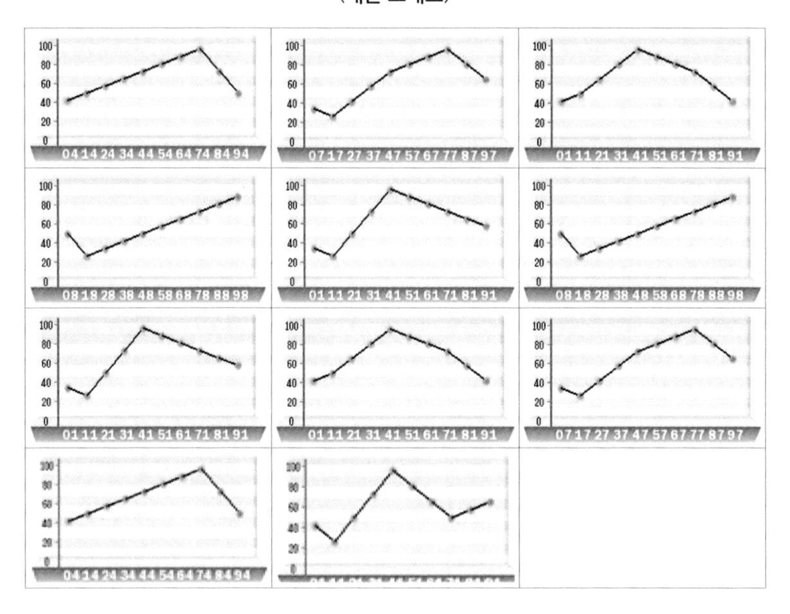

이렇게 세 번째 대운까지 3~4등이었다가 네 번째 대운부터 2등이나 1등의 운을 맞이한 케이스다.

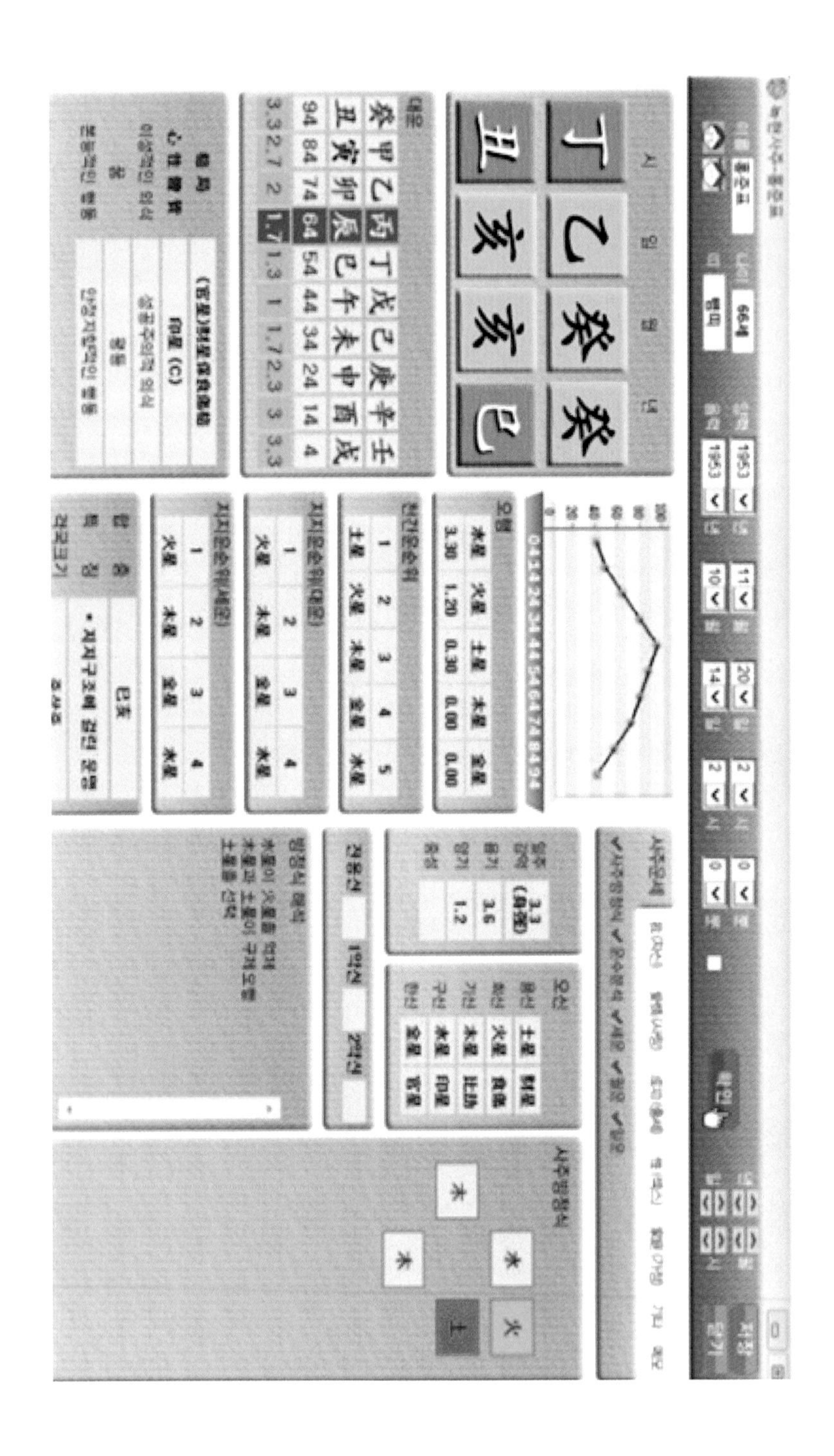

〈홍준표 도지사의 뇌구조〉

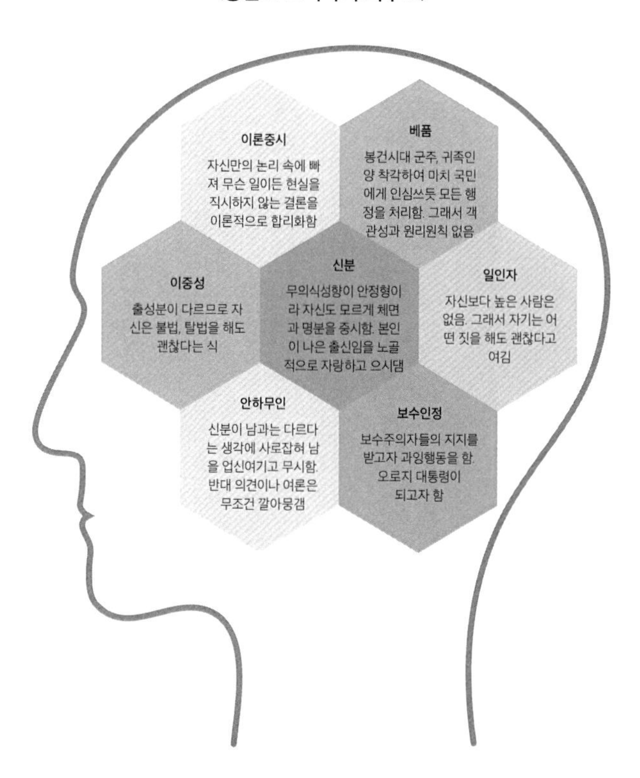

홍준표 대표는 전 경남도지사 및 전 자유한국당 대표까지 역임했다가 현재는 무소속으로 대구시 국회의원 후보로 나서고 있다. 홍준표 대표의 대운도 역시 세 번째까지 3~4등이었다가 네 번째 대운부터 아홉 번째 대운까지 1~2등으로 흐르고 있다. 굴곡이 많은 운의 흐름을 지니고 있다. 대운 그래프도 예시한 것과 같다.

의식 성향	무의식 성향	꿈 성향
타고난 의식: 성공주의 ↕ 전환된 의식: 이상주의	안정형	도전형

아래 글은 2015년 4월에 그의 뇌구조에 대해 쓴 글이다. 당시 홍준표 경남도지사가 하는 주장을 듣고 있을 수가 없어 홍준표 경남도지사의 뇌구조와 글을 소개한다. 말 그대로 꽁생원 중에 상 꽁생원이다. 모래시계 검사라는 별명도 조작된 것이라 한다. 조작된 모래시계 검사라는 논란의 진실 여부가 과연 법정을 통해 밝혀질 수 있을까?

1990년대 국민 드라마 '모래시계' 조직폭력배의 모델인 여운환(64) 아름다운 컨벤션 대표가 25년 만에 자신의 무죄를 주장하며 법원에 재심을 청구했다. 5일 광주지역 법조계에 따르면 여운환 씨가 6일 광주고등법원에 여 씨의 폭력행위 등 처벌에 관한 법률 위반 혐의에 대한 재심을 청구할 예정이라고 한다. 여 씨가 재심을 청구할 사건은 지난 1991년 광주지방검찰청 강력부가 여 씨를 호남 최대 폭력조직인 국제피제이파의 두목으로 기소한 건이다. 당시 여 씨를 수사한 검사는 홍준표 당사자다.

이 사건을 담당한 재판부는 검사가 주장한 공소 사실에 대해서는 전부 무죄로 판단하면서 검사의 기소 내용과는 달리 '자금책 겸 두목의 고문급 간부'라는 직책으로 유죄를 선고했다고 한다. 여 씨는 대법원까지 3심을 거친 끝에 징역 4년형을 선고받고 복역했다. 여 씨 측은 재심청구서에 "한 검사의 삐뚤어진 영웅심 때문에 아직

도 조직의 두목이라는 억울한 누명 속에 살고 있다"라며 "재심을 통해 진실을 분명히 밝히기를 원해 재심을 신청하게 됐다"라는 내용을 담은 것으로 전해졌다. 여 씨는 이번 재심을 위해 20년을 준비해 온 것으로 알려졌다.

여 씨 측 변호인은 "당시 판결은 유죄의 직접적인 증거로 한 증인의 증인신문조서 뿐이다"라며 "당시 검사가 진술을 위해 인용한 형사소송법 제221조의 2 규정이 헌법재판소에 의해 위헌 결정이 난 이상 증인신문 조서는 증거능력이 없어 이를 증거로 사용할 수 없게 돼 재심을 청구하게 됐다"라고 밝혔다. 여 씨는 이와 같은 내용을 지난 2014년 『모래시계에 갇힌 시간』이라는 책을 출간하면서 담기도 했다. 당시 홍준표 경남도지사에게 공개토론을 요청하기도 했으나 홍준표 경남도지사는 "대응할 가치가 없다"라고 일축한 바 있다고 한다. 이번 재심 결과에 따라 그동안 논란이 됐던 '조작된 모래시계 검사' 여부에 대한 진실이 밝혀질 것으로 보인다.

출처: 나무위키

타고난 의식은 성공주의인데 심리주기가 변하는 바람에 전환된 의식인 이상주의의 영향을 받고, 행동은 안정형의 모습인 '도덕적으로, 명분적으로, 논리적으로 한 치의 흠이 없는 모습'을 드러낸다. 그러면서 꿈 성향인 도전형이 꿈틀거리므로 천상천하 유아독존의 모습을 간간이 보인 것이다.

그런데 문제는 이상주의 의식의 영향을 받으므로 '현실성 없거나, 실천 가능하지 않은, 논리만을 위한 논리, 책임지지 않으려는, 복잡

하거나 다양성을 인정하지 않으려는' 그런 의식인 것이다. 그래서 어린아이도 판단할 수 있는 문제를 홍준표 경남도지사는 자신만의 이론에 빠져 납득할 수 없는 결정을 내린 것이다. 그것도 행동 성향이 안정형이라서 자신을 인정하지 않거나 반대하는 사람들의 의견은 완전 무시한 채로 말이다. 마치 예전 군주나 왕, 독재자처럼….

그는 2020년 국회의원 선거에서 무소속으로 출마해 당당히 당선되었다. 추후 그는 보수당으로 복귀할 것이고, 예전 군주나 왕처럼 최고의 자리에 오르고자 노력할 것이다.

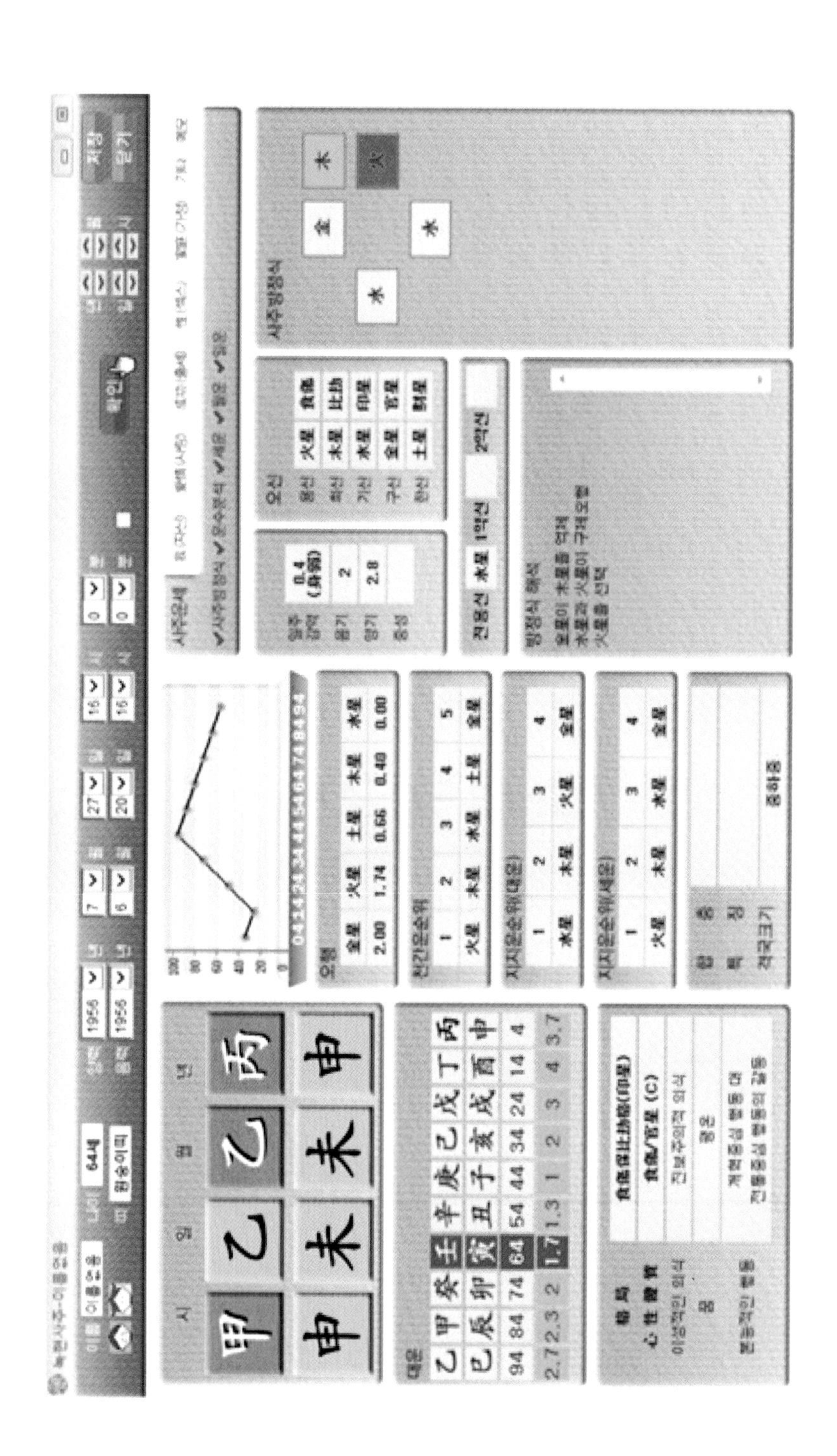

시 일 월 년
甲 乙 乙 丙
申 未 未 申

JTBC 손석희 사장 및 앵커의 명식이다. 늘 조용히 지내다가 갑자기 뉴스의 중심에 서게 되었다. 우리들이 가장 신뢰하는 손석희 앵커의 운명이 어떠한지 살펴보자.

손석희 앵커의 대운도 역시 세 번째까지 3~4등이었다가, 네 번째 대운부터 아홉 번째 대운까지 1~2등으로 흐르고 있다. 이 역시 굴곡이 많은 운의 흐름과 같다. 대운그래프도 예시한 것과 같다.

의식 성향	무의식 성향
타고난 의식: 진보주의 ↕ 전환된 의식: 신분주의	권리형

심리주기는 20세까지는 전환된 의식인 신분주의 의식의 영향을 받다가, 20세 이후부터 40세 전까지는 타고난 의식인 진보주의 영향을 받는다. 그러다가 40세 이후로 지금까지는 전환된 의식인 신분주의 영향을 받고 있다. 물론 행동은 늘 자신만의 것을 고수하는 권리형의 모습을 드러냈지만 말이다.

실질적인 손석희 앵커의 삶과 타고난 운명적인 삶을 살펴 보겠다. 84년(29세, 진보주의 의식 영향) MBC에 입사했고 92년(37세, 진보주의 의식 영향) 52일간 진행된 파업은 전투경찰의 투입으로 끝났고, 그는 이때 주동자로 몰려 구속되었다. 동료 몇 명과 함께 영등포구치소에 수감됐는데, 정확히 말하면 당시 손석희 앵커는 노조 간부도 아니었기 때문에 주동자라고 보기는 힘들었지만, 파업 참가자 중에서 가장 대중적인 인물이었기 때문에 본보기로 찍힌 사례라고 한다.

당시 손석희 앵커는 체포된 이후 "상식적 판단에서 옳은 일이라면 바꾸지 말자. 내가 죽을 때까지 그 원칙에서 흔들리지 말고 나가자." 라는 말을 남겨서 눈길을 끌었다고 한다. 이후 97년(42세, 신분주의 의식 영향)에 가족과 함께 미국으로 유학했다. 국제 민간단체에서 장학금을 받고, 유학 당시 찍은 프로그램 중 하나가 〈손석희의 미국탐험〉으로, '방송 역사에 길이 남을' 수식어를 붙인다고 한다. 그만큼 고생하기도 했고, 애착이 간다고 한다.

귀국 후 뉴스와 시사프로그램 진행으로 인기를 얻었고. 2002년(47세, 신분주의 의식 영향)에 〈100분 토론〉 진행을 2009년(54세, 신분주의 의식 영향)까지 맡았다고 한다. 그 사이에 아나운서 국장으로 지내다가 2006년(51세, 신분주의 의식 영향)에 MBC를 퇴사하고 성신여대 교수로 이적했다.

이후 2013년(60세, 신분주의 의식 영향)에 종합편성채널 JTBC로 옮겼고, 언제나 중도·중립적인 견지를 유지하던 손석희 앵커가 종편의 간부로 간다는 사실에 거부감을 느끼는 의견도 있었다고. 그리고 뉴스를 직접 진행할 것이라는 추측도 있었는데 그것이 실제로 일어났다. 2013년 9월 16일부터 〈JTBC 뉴스 9〉의 단독 진행을 맡게 됐고, 그 후 JTBC 뉴스는 대한민국 국민이 가장 신뢰하는 뉴스 프로그램이 되었다.

그리고 2018년(63세, 신분주의 의식 영향)에 JTBC 공동 대표이사로 임명되었다. 현재 논란이 되고 있는 교통사고 및 동승자에 대해서는…. 손석희 앵커의 운명은 여자(배우자)를 아끼거나 보호하거나 사랑하지 않는다.

타고난 의식인 진보주의는 삶의 가치나 의미 있는 일에, 전환된 의식인 신분주의는 자신의 이미지 관리나 명예에 대해 집중한다. 다만, 행동 성향이 권리형이라서 자신이 책임진 것에 대해서는 철두철미하게 지킨다.

이런 성향으로 미루어 보아 아내가 이혼을 원할 경우엔 응해주지만, 그렇지 않다면 가정을 쉽게 깨뜨리지 않는다. 그러므로 만약 아내가 미국에 거주한다면 이혼이 아닌 별거일 가능성이 높다. 그리고 아내가 아닌 다른 여성과 연애를 한다는 것은 말이 안 되고, 스트레스 해소 목적일 가능성이 매우 크다. 무의식 성향이 권리형이라서 이럴 가능성을 배제할 수는 없다. 마지막으로 사주구성이 진가사주(부분완전형)라서 항상 '허전함과 허무함'을 느끼므로 100% 만족감을 느낄 수 없다는 점이 가장 아쉽다.

그리고 2019년 JTBC 대표에서 물러난 이유로는 자신의 권리를 쉽사리 포기하지 않은 탓에 JTBC 경영주의 마음에 들지 않은 탓도 있을 것이다.

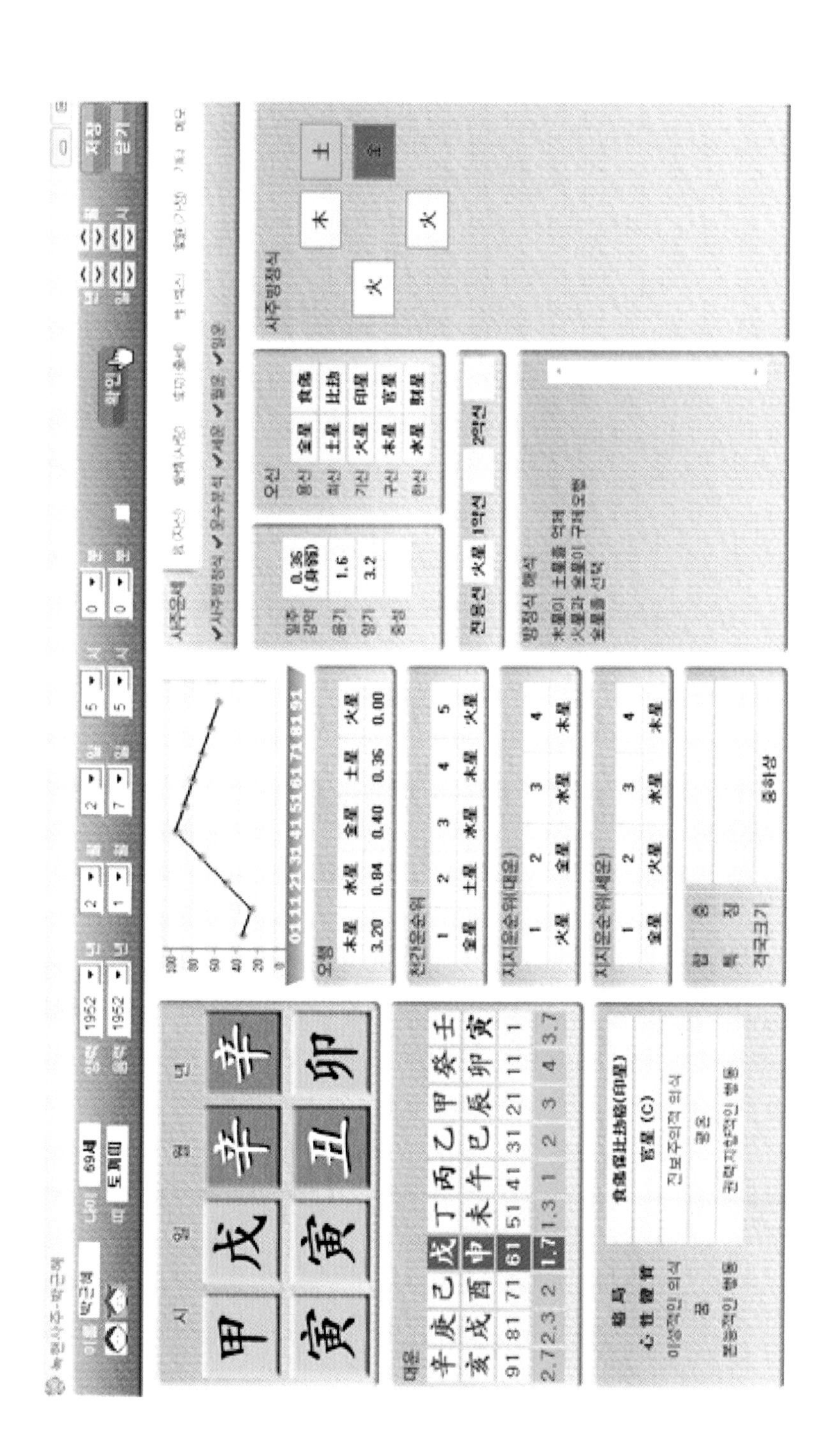

시 일 월 년
甲 戊 辛 辛
寅 寅 丑 卯
대운
辛 庚 己 戊 丁 丙 乙 甲 癸 壬
亥 戌 酉 申 未 午 巳 辰 卯 寅
91 81 71 61 51 41 31 21 11 1
오행
木星 水星 金星 土星 火星
3.20 0.84 0.40 0.36 0.00
천간운순위
지지운순위(대운)
지지운순위(세운)
오신
사주방정식

박근혜 전 대통령의 명식이다. 박근혜 전 대통령 역시 세 번째까지 3~4등이었다가, 네 번째 대운부터 아홉 번째 대운까지 1~2등으로 흐르고 있다. 굴곡이 많은 운의 흐름과 같은 운의 흐름을 지니고 있다. 대운그래프도 예시한 것과 같다.

의식 성향	무의식 성향	꿈 성향
타고난 의식: 진보주의 ↕ 전환된 의식: 신분주의	권력형	안락형 (프로그램에는 '평온'으로 표시)

20대 전까지는 전환된 의식인 신분주의 영향을 받아서 철두철미하게 부모의 말을 잘 듣고 공부에 전념했을 것이다. 그러나 20대(1972년) 이후 타고난 의식인 진보주의 영향을 받으면서 어른들의 간섭이나 구속에서 벗어나고자 박근혜 전 대통령은 프랑스로 유학을 갔다. 그러다가 부모가 다 돌아가시자 최태민 목사하고 잠적하게 되었다. 이때가 1979년(28세)부터 1994년(43세)까지다. 누구의 간섭도 받지 않고 자신의 인생을 맘껏 즐긴 시기였다. 그러다가 최목사가 돌아가시고 얼마 안 있다가 이회창 총재에 의해 한나라당의 국회의원이 되었다. 이 시기는 다시 전환된 의식인 신분주의 영향을 받는 시기였다.

그리고 그녀는 무의식 성향이 권력형이라서 늘 고지식하게, 권위적으로, 누군가의 지시나 명령을 받아야만, 남을 부리는, 남자 없이는 못 사는 모습이다. 그래서 대통령이 되면 권위주의적인 대통령이 되어 국민과는 소통이 안 되고, 또는 남자에게 끌려가는, 또는 누군가의 명령에 의해 움직인다고 강조했었다.

만약 대운의 흐름이 좋았다면, 권력형의 모습은 참으로 좋다. 모범적, 책임적, 근면성실적, 완벽적, 상명하복적, 원칙적, 질서적, 철두철미적인 모습이기 때문이다. 그런데 박근혜 전 대통령의 대운의 흐름은 41세 이후부터 좋지 않았다. 더구나 운이 좋지 않으면 이성적인 판단보다는 주관적인 판단을 하게 된다. 그래서 선고가 어떻게 나오든 간에 박근혜 전 대통령은 승복하지 않을 것이다. 곧 죽어도 자신의 주장, 정치, 통치, 판단이 옳다고 믿고 있으니 말이다.

어떤 이들은 박근혜 전 대통령을 이해하기 어렵다고 한다. 그러나 그녀의 생각 속으로 들어가면 충분히 이해가 가고도 남는다. 음양의 차이가 크다는 것도 사고의 폭을 좁히는 데 한몫했다. 말수가 적은 것도, 긴 말을 하지 못하는 것도, 수첩에 기록하는 것도, 비를 맞아도 우산을 쓰지 못하는 것도, 혼자 있으면 아무 것도 못하는 것도 다 이해가 가는 부분이다.

그러니 지금도 재판을 거부하고 버티고 있으면 지지자들이 많으므로 보수적인 대통령이 나오면 모든 것을 회복하고 정치 전면에 나설 수 있다고 믿고 있다고 한다. 그래서 마치 순교자처럼 보이게끔 연출을 하고 있는 것이다.

마지막으로 권력형의 사람이 가장 무서워하는 것은 법이 아니다. 법보다 더 무서워하는 것이 있다. 그것은 바로 주먹(막가파식 대응)이다. 바로 국민들의 주먹을 가장 무서워하고 있는 것이다. 그래서 선고를 내리기보다는 국민들 앞에 박근혜 전 대통령을 세워야 한다.

추가로 박근혜 전 대통령의 성적인 부분을 얘기하겠다. 전에 '싱클리닉'이란 제목의 글을 블로그(사주심리)에 올린 적이 있다. 즉, 남성은 성적으로 둔감해야 하고, 여성은 민감해야만 한다는 것인데, 식상이라는 육친이 성적인 부분을 가르치며, 식상의 수치나 유무에 따라 둔감과 민감의 정도가 달라진다. 그렇게 해서 다섯 등급으로 나누었다.

A급은 오로지 섹스 생각, B급은 상대를 만나면 섹스 생각이 발동, C급은 몸 주기에 의해서, D급은 흥분을 시켜야 반응, E급은 아무리 유혹해도 냉랭하다.

A급의 조건

- 우선적으로 음양의 차이는 최소 1.6 이상 나야 한다.
- A급이나 B급은 음기, 양기 중에 수치가 적은 쪽에 식상이 있어야 한다.
- A급의 여자는 남자의 파워나 스킬에 관계없이 성관계 시 오르가즘을 멀티로 느낀다.
- 식상이 지지에 있으면 자궁 안이 민감하며, 천간에만 있다면 자궁 안보다는 바깥 쪽(클리토리스, 가슴 등 외부)이 민감하다.
- 식상이 지지와 천간에 다 있다면 안팎이 다 민감하다.

그런데 참으로 이상한 현상이 일어났다. 여성 대통령이 있는 청와대에 비아그라와 팔팔정 그리고 국소마취제 등의 섹스 시 필요한 약품들이 들어갔다고 한다. 이상야릇한 일 아닌가? 그래서 박근혜 전 대통령의 성클리닉을 살펴보기로 했다.

박근혜 전 대통령의 사주 조건

- 양기가 음기보다 1.6이 많다.
- 식상이 수치가 적은 음기(辛) 쪽에 있다.
- 식상의 수치가 0.4라 진정한 A급의 수치(1~1.4)는 아니다.
- 식상이 천간에만 있다.
- 그래서 자궁 안보다는 몸이 예민하다.
- 그런데 이른 나이에 성고문기술자(최태민)를 만났다.
- 성고문기술자(최태민)를 만나게 되면 C급, D급의 여자도 성적으로 민감해진다.

그런데 A급의 박근혜 전 대통령이 성고문기술자(최태민)를 만났으니 어떻게 변하겠는가? C급, D급의 여성들도 성고문기술자를 만나면 몸이 예민해져서 섹스를 탐하게 되는데 말이다. A급의 몸인 박근혜 전 대통령은 어떻게 되겠는가? 아마도 A++급이 되어 있을 것이다. 그래서 나라를 다스리기보다는 성적인 탐닉에 빠져버린 것 같다. 그래서 청와대에 비아그라와 팔팔정 그리고 국소마취제가 필요했던 것은 아닐까 생각한다. 거울방도 그렇고 말이다.

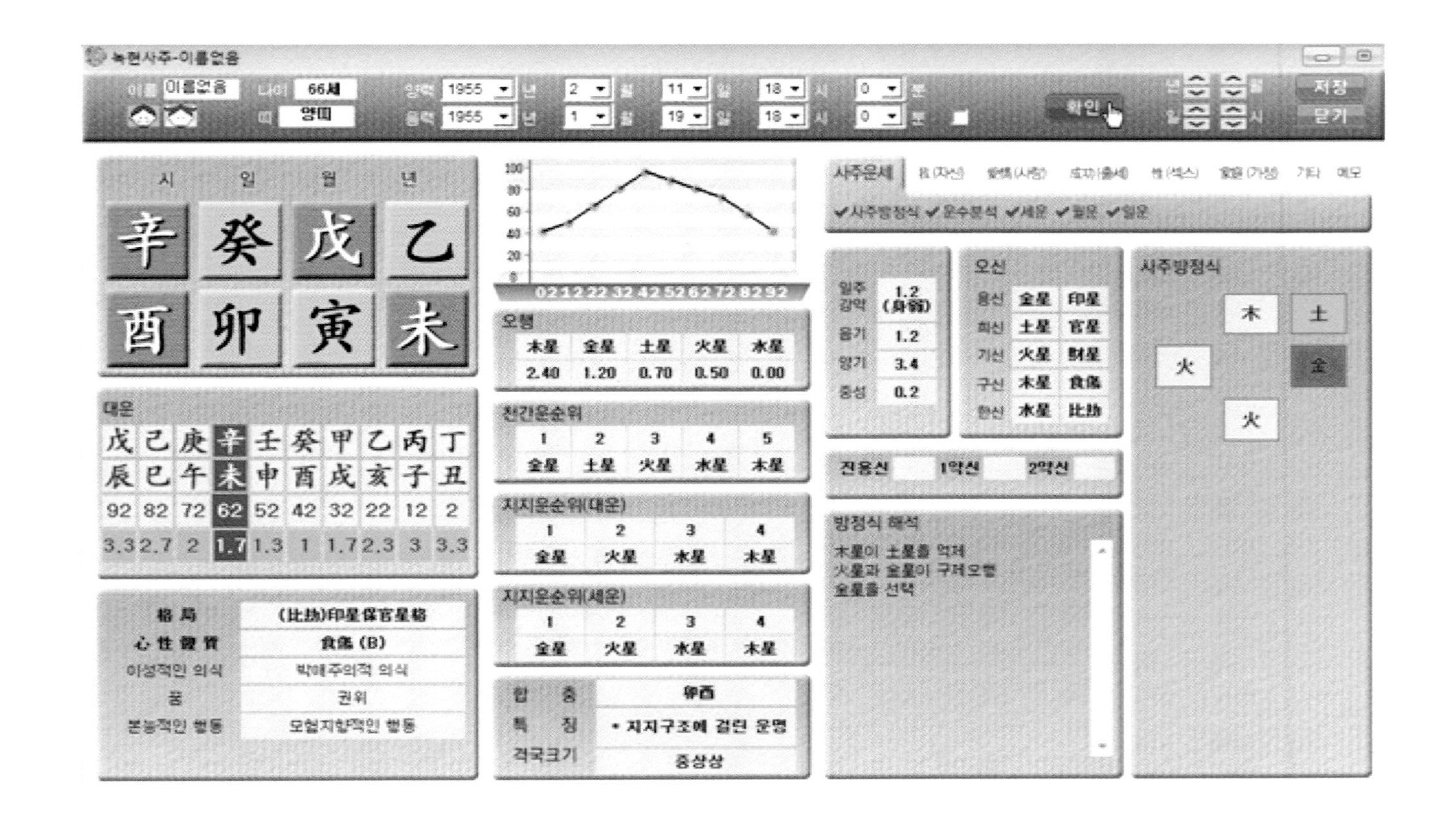
녹현사주-이름없음
이름 이름없음
나이 66세
띠 양띠
양력 1955 년 2 월 11 일 18 시 0 분
음력 1955 년 1 월 19 일 18 시 0 분
확인
저장
닫기
시 일 월 년
辛 癸 戊 乙
酉 卯 寅 未
대운
戊 己 庚 辛 壬 癸 甲 乙 丙 丁
辰 巳 午 未 申 酉 戌 亥 子 丑
92 82 72 62 52 42 32 22 12 2
3.3 2.7 2 1.7 1.3 1 1.7 2.3 3 3.3
格局 (比劫)印星保官星格
心性體質 食傷 (B)
이성적인 의식 박애주의적 의식
꿈 권위
본능적인 행동 모험지향적인 행동
0 2 12 22 32 42 52 62 72 82 92
오행
木星 金星 土星 火星 水星
2.40 1.20 0.70 0.50 0.00
천간운순위
1 2 3 4 5
金星 土星 火星 水星 木星
지지운순위(대운)
1 2 3 4
金星 火星 水星 木星
지지운순위(세운)
1 2 3 4
金星 火星 水星 木星
합 충 卯酉
특 징 * 지지구조에 걸린 운명
격국크기 중상상
사주운세
✔사주방정식 ✔운수분석 ✔세운 ✔월운 ✔일운
일주 강약 1.2 (身弱)
음기 1.2
양기 3.4
중성 0.2
오신
용신 金星 印星
희신 土星 官星
기신 火星 財星
구신 木星 食傷
한신 水星 比劫
진용신 1약신 2약신
방정식 해석
木星이 土星을 억제
火星과 金星이 구제오행
金星을 선택
사주방정식
木 土
火 金
火

서울시장 박원순의 명식이다.

의식 성향	무의식 성향	꿈 성향
타고난 의식: 박애주의 ↕ 전환된 의식: 개인주의	모험형	지도자형

첫 번째 대운부터 세 번째 대운까지는 3등의 운에 있다가, 네 번째 대운부터 아홉 번째 대운까지는 1등과 2등의 운 흐름이다. 이런 흐름이라면 태어나 20세까지는 전환된 의식인 개인주의 성향의 영향을 받다가, 20세 이후 40세 전까지는 타고난 의식인 박애주의 성향이 강한 삶을 살게 된다. 그러다가 40세 이후로는 다시 전환된 의식인 개인주의 영향이 강한 삶을 살게 된다.

박원순 서울시장이 개인적인 일이 아닌, 국민을 위한 일을 시작한 해는 1995년(41세)부터다. 이때부터 참여연대 사무처장으로 일을 하기 시작한 것이다. 그 전까지는 변호사 일에 전념했었다. 그리고 참여연대 사무처장의 일을 시작한지 16년 만인 2011년(57세)에 서울시장에 당선되었다. 물론 행동은 무의식 성향인 모험형이다. 타고난 의식인 박애주의적인 삶을 살 때는 박원순 서울시장은 자신이 남들보다 뛰어나야 할 필요는 없었다. 그저 있는 듯 없는 듯 하면서 살면 되었다. 그러나 전환된 의식의 영향을 받으면 그렇지가 않다. 남보다 자신이 뛰어나고 앞서가는 삶을 살아야 한다. 그래서 국민을 위해 적극적인 봉사와 희생을 하면서도, 꿈 성향인 모두의 지도자가 되기 위해 어필할 수 있는 이미지와 액션을 취하게 된다. 그래서 지지도가 안철수보다 현저하게 낮은데도 불구하고 안철수를 만나 서울시장 후보직을 양보받았다. 이 모든 일련의 과정들이 타고난 의식인 박애주의 영향 아래서는 불가능한 일들이다.

〈녹현선생 언론보도〉

조선일보
東亞日報
hankooki.com
일간스포츠
SPORTS TODAY
goodday
goodday 365
朝鮮 E
"사주 보면 건강이 한눈에"
사주 방정식
미국은 지는 해… 중국이 뜬다
'사주 맞춰서 아기 낳는다'
색다른 풀이
"히딩크 폴란드전 일진 최고… 첫승 가능성 충분"
장애딛고 '신들린 예언' 행진

맺음말

저는 1954년 서울 마포에서 태어나 경기도 파주에서 성장했습니다. 태어난 지 100여 일 만에 몸살감기에 걸렸고, 어머님이 저를 업고 병원에 가서 주사를 맞고 다시 업는데, 업는 순간 팔다리가 뻣뻣하게 굳어지더라는 것이었습니다. 집에 와서 보니 얼굴색이 변하고 해서 밤새 제가 죽을 것 같아서 담요에 똘똘 말아 차가운 윗목에 밀어놓고 아침에 내다버리려고 했다고 합니다. 그런데 아침이 되어 어머님이 절 쳐다보고 있는데, 제가 웃고 있더라는 겁니다. 그래서 어머님이 숟가락에 젖을 짜서 먹였더니 제가 받아먹더라는 것이었습니다. 그래서 다시 안고 젖을 먹여서 살렸다고 합니다.

그 뒤 9살까지 말도 잘 못하고, 걷지도 못하고 마루에 앉아 있기만 했는데, 제 친구들은 학교를 가는 것이었습니다. 저도 가고 싶다고 했다고 합니다. 그래서 아버님께서 마루 위에다가 새끼줄로 끈을 매서 제가 끈을 짚고 다닐 수 있게 했다고 합니다. 그렇게 걸음연습을 해서 10살 때 지팡이를 짚고 학교에 다니게 되었습니다. 제 친구들은 3학년이 되었고요. 그런데 학교도 멀고 언덕도 있고 해서 3학년까지는 어머니와 형이 절 업고 등하교를 했습니다. 그럭저럭 중학교 시험도 합격했으나 학교가 집에서 2km 이상 되어 형이 자전거에 태워 등하교를 시켜주었습니다. 고등학교 다닐 즈음에 형이 군대에 가는 바람에 고등학교(중학교와 같은 학교임)는 포기하였습니다.

뇌성마비로 말도 더듬고, 지팡이에 의지해 다니는 전 무엇을 하며 살 수 있을까 늘 고민거리였습니다. 그래서 전 어머니와 형에게 부담을 주지 않으려고 절로 들어가 나오지 않으려고 했습니다. 그래서 절에 들어갈 핑계로 명리서적을 구입해 공부하겠다고 했습니다. 깊은 산에 있는 절로 들어갔습니다. 그때가 제 나이 23세 때인 1976년이었고, 그렇게 4년간 공부를 했습니다. 공부를 하는 동안 전 제가 태어난 목적을 깨달았습니다. '몸은 정상이지만, 마음이 장애인 사람들이 많다, 나는 몸은 장애지만 마음은 정상이다. 그래서 마음이 병든 사람들을 구해야 한다'라는 메시지를 받고 4년 뒤에 다시 집으로 돌아와 명리상담을 하면서 살아가기 시작했습니다.

실력은 뛰어나지 않았지만, 상세하게 설명해 드렸고, 진실되게 얘기를 해 드렸습니다. 물론 더듬는 말투를 고치고자 정확한 발음을 하고 신문을 소리 내서 읽으면서 녹음을 해서 많은 개선을 하였습니다. 그랬더니 단골이 생겼고, 그들이 소개도 많이 해주셨습니다. 그러나 상담을 할수록 안타까운 마음이 들기 시작했습니다. 생활이 어려워진 사람들, 불치병이 들어서 고치지 못하는 사람들, 운이 안 좋아져 손해를 보는 사람들, 가정적인 풍파에 시달리는 사람들 등등 제 능력으로는 어떠한 도움도 줄 수 없는 딱한 사람들이 많았습니다.

매년 여름 심신을 깨끗이 하고자 한 달 정도 절을 찾아 이 산 저 산 다니며 기도를 하곤 했는데, 85년도에는 제게 무척이나 어려운 시기였습니다. 83년에 결혼해 84년에 큰 딸을 두었고, 85년엔 둘째 딸을 임신하고 있었는데, 생활비가 없어 가족들이 엄청 어려운 시기를 보내고 있었습니다. 그래도 전 기도한다고 절로 떠나야 했고요. 그래서 다짐을 했답니다. 올해도 기도하면서 신통력(사람을 구하는 일)을 얻지 못하면 상담을 하지 않고 가족을 먹여 살릴 수 있는 다른 일을 하기로 말입니다.

절에 가면 주로 법당에서 기도를 했습니다만, 그 해에는 법당에서 실제로 뱀을 두 번 봤기에 산신당에서 기도를 했습니다. 너무 간절했기에 생전 처음 단식기도라는 것도 했습니다. 3일 동안 단식기도를 드리는 첫날 산신령님께서 사람을 구할 수 있는 부적을 만들 수 있는 능력을 제게 주셨습니다. 삼 일째 단식기도 마지막 날 밤엔 무시무시한 경험과 아침엔 뒷머리가 뜨거워지는 경험도 겪게 해주셨고요. 그 뒤로 내려와 상담하고 있는데 하루는 압구정동 현대아파트에서 사는 딸만 둘을 둔 분이 오셔서 '남편이 외교관인데 독자라서 아들을 낳아야 한다.'라고 하길래 처음으로 부적을 만들어 아들을 낳게 해드렸습니다. 물론 저도 신기했고요. 그 뒤 아들을 낳은 친구분이 오셔서 '친정아버님이 땅을 사준다고 하는데, 몇 년이 지나도록 말만 하고 사주지 않아서 땅을 살 수 있게 해달라.'라고 하기에 부적을 만들어 드렸고, 며칠 지나지 않아 서초동 법원 근처 땅을 계약했다고 연락이 오더라고요. 진짜 신기했습니다. 그때서야 산신령님이 제 소원을 들어주셨다는 것을 알았습니다. 그 뒤 신통력은 40년이 지난 지금에도 효과가 있음을 간간이 경험하게 됩니다.

수치화, 과학화, 공식화된 녹현역학의 탄생과정은 이렇습니다. 결혼 후 십여 년이 지나 처와 딸들이 미국으로 유학을 떠났고, 저 혼자 남아 생활하고 있을 때인 97년 한 여인을 만났습니다. 서로가 첫 눈에 사랑에 빠져 버렸습니다. 제게는 첫사랑이었습니다. 세상 모든 것이 아름다웠고, 아스팔트를 비집고 나온 풀 한 포기도 아름답게 보이기 시작했습니다. 그 사람을 가르치기 위해 어려운 명리학의 이론을 쉽게 만드는 작업을 하기 시작했습니다. 고전적인 이론과 제 경험을 바탕으로 사주팔자를 수치화하기 시작했고, 방정식을 만들어 공식화해서 용신과 희신을 뽑기 쉽도록 만들었습니다. 그래서 제자들은 제 이론을 '사랑의 역학'이라 부르기도 합니다. 그 사람을 가르치기 전부터 기존의 이론이 맞을 때도 있고, 어긋날 때도 있고 해서 기존 이론에 대해 실망도 했고, 늘 의문을 지니고 있었고 해서, 제 나름의 방식으로 상담할 때가 많았던 것은 사실이었습니다.

예를 들어, 모든 분들이 거의 다 아시는 얘기들, '도화살이 있으면 바람을 핀다, 괴강살이 있으면 과부가 된다, 역마살이 있으면 첩을 두거나 멀리 떠나간다, 백호살이 있으면 몸에 사고의 상처를 남긴다, 공망살이 있으면 공허하고 고독하다 등등' 어떤 이는 맞기도 하고, 어떤 이는 전혀 아니기도 하고, 도무지 기존 이론을 100% 믿기가 어려웠었습니다.

또 하나, 상담의뢰인은 해결되지 않는 문제나 풀리지 않는 문제를 가지고 역학자를 찾습니다. 그리고 생년월시를 말합니다. 역학자는 아무런 말없이 사주를 세우고 하는 말이 무엇입니까? '올해는 편재에 해당해서 돈 문제나 여자 문제가 발생한다, 공부를 많이 했으면 출세할 운명이다, 양 일간이라 고집이 세고 밀어붙이는 힘이 강하겠다, 역마살이 있어 바쁘게 활동하겠다, 공망살이 있어 평생 고독하겠다, 머리는 똑똑한데 학문이 짧아 출세를 못한다, 비견겁재가 많아 돈이 모아지지 않는다.' 등등의 말입니다. 이렇게 말해놓고 얻어걸리면 다행이고, 그렇지 않다면 얼른 말을 돌립니다. 상담의뢰인이 어떤 생각을 하고 있는지 전혀 고려하지 않고 말입니다. 이런 상담방식은 소가 뒷걸음치다가 쥐를 잡는 격으로 매우 무책임한 방식입니다. 이렇게 상담하다 보니 상담의뢰인들은 역학자를 신뢰하지 못하고 이곳저곳을 돌아다니며 상담하고 있는 것입니다.

그래서 전 늘 사주팔자가 인생사 모든 것을 담고 있다면, 모두가 신뢰할 수 있는 이론이 있어야 한다고 생각했었습니다. 그리고 전 늘 옛 성현들이 명리학 용어를 왜 身强, 身弱, 印星, 官星, 財星, 食傷, 比劫이라고 표현했는지가 궁금했었습니다. 그래서 그 의미들을 예전에 북랩출판사에서 출판한 『입문부터 완성까지』와 『사주팔자 하나로 운명, 심리, 전생, 뇌구조까지 알 수 있다』에 다 실었습니다.

제자 중에 정신병원을 운영하는 의사가 있습니다. 녹현역학을 배우고 난 전과 후의 상담방식이 달라졌다고 합니다. 환자 중에는 알코올중독 환자가 많으며, 주로 통원치료를 한다고 하는데, 녹현역학을 배우기 전까지는 환자가 하는 얘기만 믿었다고 합니다. 그러나 환자들은 자신에게 유리한 방향으로 얘기하고 의사는 그 말을 그대로 믿을 수밖에 없다고 합니다. 왜냐하면 환자가 말하는 것 이외에는 믿을 수 있는 자료가 없기 때문이기도 하지만, 환자가 병원 밖에서 어떤 행동을 하는지 알 수 없기 때문이라고 합니다. 그런데 녹현역학을 배운 후로는 환자의 말을 100% 신뢰하지 않는다고 합니다. 의사인 자기 앞에서는 술도 안 먹었고, 먹어도 조금 먹었고, 술에 취해도 주정 부리지 않았으며, 가족도 괴롭히지 않았고, 조용히 잤다고 얘기해도 믿을 수가 없다고 합니다. 왜냐하면 환자 사주에는 환자가 말한 것처럼 행동하지 않았을 것이란 의심이 가기 때문이라 합니다. 그래서 환자에게 "밖에서 이런 행동을 하셨죠?", "친구들과 어울리면서 지냈죠?", "감정 자제를 잘 못 하셨죠?", "가족을 힘들게 했죠?", "집에 들어가지도 않았죠?"라고 되묻는다고 합니다. 그러면 환자는 깜짝 놀란다고 합니다. 자기가 술에 취해 한 행동을 의사가 어떻게 알고 있는지 의아한 눈길이나 몸짓을 한다고 합니다. 이러니 환자가 하는 말을 믿을 수가 없는 것은 당연한 결과라 할 것입니다.

그렇습니다. 무엇보다 중요한 것은 상담의뢰인의 생각과 행동을 알아야 합니다. 그래야만 왜 돈을 벌려고 하는지, 공부는 왜 하려고 하는지, 취직을 해도 어느 부서가 어울리는지, 어떻게 하면 상대방에게 좋은 이미지로 비칠 수 있는지, 유학 가는 목적이 무엇인지, 문서 취득이 가능한지, 어떤 사업이 맞는지, 상대방을 공략할 수 있는지, 결혼은 할 수 있는지 등을 정확하게 파악할 수 있게 됩니다. 기존 이론은 상담의뢰인의 생각과 행동도 모르고, 나아가 동기부여나 목적도 모르고 무조건 된다, 안 된다는 식의 이분법적인 판단만 할 뿐입니다.

가령, 부모는 자녀를 유학 보내려고 합니다. 그래서 부모는 역학자에게 자녀가 유학을 갈 수 있는지, 없는지를 묻습니다. 그러면 대다수의 역학자는 갈 수 있다 또는 갈 수 없다란 이분법적인 답을 합니다. 그러면 부모는 그것으로 상담을 끝냅니다. 그러나 녹현역학을 공부한 역학자는 부모의 질문에 그렇게 답하지 않습니다. 먼저 자식의 사주를 보고 생각과 행동을 파악한 뒤, 왜 유학을 가야 하는지를 되묻습니다. 본인이 가려고 하는지, 공부를 못해서 가는지, 왕따를 당해서 가는지, 공부를 하려고 가는지, 특수한 기술을 배우려고 가는지, 부모 자식 간의 불화로 가야 하는지, 사고만 일으켜서 보내려고 하는지, 국내 교육제도가 못마땅해서 가야 하는지 등을 말입니다. 그러면 부모는 답을 할 것이고, 역학자는 자식의 사주가 그 동기나 목적에 부합되는지 파악한 뒤, 올바른 판단을 내립니다.

녹현역학을 창안한 지 10여 년이 지난 뒤, 연세대학교 철학박사 과정의 학생 두 명이 찾아와 상담과 함께 인생사 전반에 관한 얘기를 나누는 중에 그들의 말에 의하면 가장 기초적인 질문을 해도 교수님들은 답을 못하는데, 전 서슴없이 얘기를 했다고 하더군요. 지금도 기억나는 질문은 '왜 태어났는지, 왜 사는지, 사는 목적이 뭔지' 등입니다. 그들은 저를 통해 인생의 터닝포인트가 되었다고 하지만, 저 역시 그들을 통해 인생의 터닝포인트가 되고 말았습니다. 철학박사 과정 이수자나 교수들도 선뜻 대답하지 못하는 부분들을 전 서슴없이 얘기하는 것을 제삼자의 입장에서 본다면, 제가 하는 역학이 점치는 것이 아니라, 심리를 다루는 부분임을 알았기 때문입니다. 그래서 2009년부터 명리학인 녹현역학을 심리학 이론으로 재창안하는 작업을 시작했습니다.

심리학 용어와 의미를 찾고, 어떤 방식으로 심리를 파악하는지 등을 공부한 뒤, 명리학 이론이 '심리주기 이론'이란 이름으로 재탄생하게 된 것입니다. 심리주기 이론은 자신이 태어난 생년월일시의 간지를 우주에너지(목, 화, 토, 금, 수)로 바꿔 수치와 방정식에 대입하면 상담의뢰인의 이성적인 부분(격국=의식 성향)과 감정적인 부분(심성체질=

무의식 성향)이 어떤 성향인지 알 수 있고, 상담의뢰인의 꿈까지도 알 수 있답니다. 거기에 대운의 흐름(심리주기)에 따라 어느 시점에 의식의 전환이 이뤄짐을 알게 되어 취향과 성향, 가치관과 가족관계, 그리고 직업의 변화와 삶의 모습까지 삶의 모든 부분을 알 수 있습니다. 오로지 내담자의 우주에너지(생년월일시의 간지)로 말입니다.

그래서 이번 책 출판은 명리학 이론을 심리학 이론으로 완전히 바꾼 내용을 담았습니다. 특히나 대한민국의 모든 것들이 K-팝, K-영화, K-방역, K-스포츠 등 세계를 휘어잡는 이때 서양 심리학과는 비교도 되지 않는 새로운 방법의 K-심리학이 전 세계를 휘어잡을 것입니다.

녹현사주방정식

독자 여러분, 자신이 타고난 우주에너지의 비율과 의식·무의식·꿈 성향 그리고 심리주기를 알고자 한다면, 사주타임(www.saju-time.com)의 메뉴 중에서 녹현만세력을 클릭하면 생일 입력창이 뜹니다. 자신의 생일을 정확하게 입력하면, 아래와 같은 창이 나와 자신의 심리정보를 정확하게 알 수 있습니다.

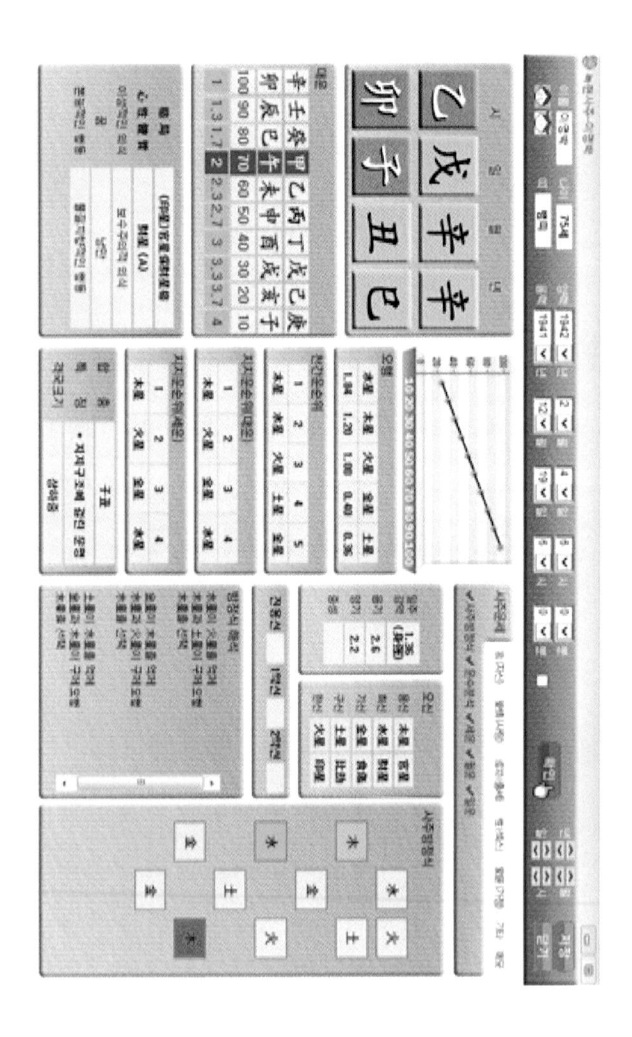

참고문헌

이세진, 『녹현역 모든 것을 말하다!』, 앤에치미디어, 2008년

이세진, 『돈 버는 운명으로 갈아타라』, 북카라반, 2013년

이세진, 『사주팔자 하나로 운명·심리·전생·뇌구조까지 알 수 있다』, 북랩, 2016년

이세진, 『녹현역 입문부터 완성까지』, 북랩, 2017년